刘小敏 等 著

非农化乡村常住人口市民化研究

A STUDY ON
THE
CITIZENIZATION
OF
PERMANENT RESIDENTS
IN NON-AGRICULTURAL VILLAGES

社会科学文献出版社
SOCIAL SCIENCES ACADEMIC PRESS (CHINA)

目　录

导　言

一　研究背景与意义

自 1978 年中共十一届三中全会作出改革开放的战略决策以来，中国的工业化、城镇化和市民化进程不断加快。2012 年中共十八大以来，在习近平新时代中国特色社会主义思想指导下，中国一直坚持以人民为中心，积极推进以人为核心的新型城镇化这一重大战略。2014 年，中国提出到 2020 年努力实现 1 亿左右农业转移人口和其他常住人口在城镇落户[①]；2016 年，中国明确提出到 2020 年，全国户籍人口城镇化率要提高到 45%[②]。2017 年，中共十九大提出要"以城市群为主体构建大中小城市和小城镇协调发展的城镇格局，加快农业转移人口市民化"[③]。2018 年，国家发展和改革委员会（以下简称"国家发改委"）对《推动 1 亿非户籍人口在城市落户方案》的落实情况进行了督察。2019～2020 年，国家相关部门都作出了确保任务如期完成的新部

[①]　《国务院关于进一步推进户籍制度改革的意见》，《城市规划通讯》2014 年第 15 期，第 1～3 页。

[②]　《国务院办公厅关于印发推动 1 亿非户籍人口在城市落户方案的通知》，《中华人民共和国国务院公报》2016 年第 30 期，第 18～21 页。

[③]　习近平：《决胜全面建成小康社会　夺取新时代中国特色社会主义伟大胜利——在中国共产党第十九次全国代表大会上的报告》，《人民日报》2017 年 10 月 28 日，第 1 版。

署。2019 年，中国的常住人口城镇化率为 60.60%，户籍人口城镇化率为 44.38%。[①] 根据国家统计局发布的数据，到 2020 年底，中国已经完成常住人口城镇化率 60%、户籍人口城镇化率 45% 的规划目标。具体而言，常住人口城镇化率达 63.89%，户籍人口城镇化率达 45.40%。[②] 总的来看，改革开放特别是步入新时代以来，中国农业转移人口市民化的成效，无论是形式上还是内容上，都已经非常显著。

据世界银行测算，现在"高收入国家的平均城市化率是 84%，中等偏上收入国家的平均水平是 65%"[③]。如果将 75% 预设为中国 2035 年常住人口城镇化率的目标，[④] 即便常住人口城镇化率与户籍人口城镇化率之差仍保持 2020 年数据（18.49 个百分点）不变，中国到 2035 年的户籍人口城镇化率也要达到 56.51%。也就是说，无论是常住人口城镇化率还是户籍人口城镇化率，在 2020 年到 2035 年"基本实现社会主义现代化"[⑤] 新阶段，平均每年都要提高 0.74 个百分点。这就需要瞄准发达地区非农化乡村常住人口市民化这一重大理论和实践问题进行系统深入的研究，进一步促进基本实现社会主义现代化新阶段中国农业转移人口市民化的进程。

发达地区非农化乡村是改革开放以来中国农业转移人口市民化的特殊场域，是新时代实现新型工业化、新型城镇化和农业农村现代化有机联结的关键性节点，其常住人口市民化是重大理论和实践问题，对后发地区具有重要的先导作用。有鉴于此，本书在马克思主义基本原理指导

---

① 国家统计局：《中华人民共和国 2019 年国民经济和社会发展统计公报》，《人民日报》2020 年 2 月 29 日，第 5 版。

② 中共中央、国务院：《国家新型城镇化规划（2014—2020 年）》，《农村工作通讯》2014 年第 6 期，第 32～48 页；国家统计局：《经济社会发展统计图表："十三五"时期经济社会发展主要指标》，《求是》2021 年第 20 期，第 79 页。

③ 蔡昉：《中国应打破城市化速度制约》，《中国经济时报》2018 年 9 月 27 日，第 8 版。

④ 根据联合国以及国家统计局相关历史数据预测，至 2035 年，中国的城镇化率有望达 75% 至 80%。张庆华：《城市"集聚效应"驱动中国经济高质量发展》，《光明日报》2019 年 6 月 10 日，第 3 版。

⑤ 习近平：《决胜全面建成小康社会　夺取新时代中国特色社会主义伟大胜利——在中国共产党第十九次全国代表大会上的报告》，《人民日报》2017 年 10 月 28 日，第 1 版。

下，以新制度主义为主、其他相关理论为辅，在制度变迁历史考察的基础上，从当前中国的市民化实践出发，综合运用文献资料和实证调研资料，系统深入分析发达地区非农化乡村中属于市民化对象的不同类别的常住人口在市民化进程中所面临的困境及其成因，提出进一步促进发达地区非农化乡村常住人口市民化的思路对策。一方面，能够为完善国家层面的顶层设计建言献策，拓展发达地区非农化乡村常住人口市民化前进道路并为后发地区提供镜鉴，推进以人为核心的新型城镇化走向深入，促进中国经济社会持续、稳定、健康发展；另一方面，也能够在某种程度上丰富和发展中国特色新型城镇化理论，以及经济社会学、人口社会学、城乡社会学、移民社会学、社会政策学等相关学科理论。

二　主要内容

本书的主要内容包括：（1）理论架构阐释。在回顾与述评中外相关文献的基础上，建构了以新制度主义理论诠释发达地区非农化乡村常住人口市民化的分析框架，界定了本研究的基本概念。（2）制度变迁与市民化。回顾了发达地区非农化乡村常住人口市民化制度变迁的历史进程、显著成就及其对继续推进市民化进程的主要启迪。（3）市民身份认同的分化。从总体上考察了发达地区非农化乡村常住人口市民身份认同与制度环境、常住地、主体行动的关系及身份认同分化的内在逻辑。（4）市民化意愿及其分化。从总体上辨识了发达地区非农化乡村本地村民、本地居民和外来常住人口的市民化选择及其选择分化的纷繁镜像。（5）突出问题透视。分门别类多视角透视了发达地区非农化乡村部分外来村民"未市民化"、部分本地村民"逆市民化"和常住人口总体上"半市民化"三大突出问题的本质内涵与表现形式。（6）问题成因剖析。分门别类多维度剖析了发达地区非农化乡村常住人口市民化三大突出问题的生成机理。（7）发展思路构想。从中国实际出发，根据新型城镇化制度安排及基本实现社会主义现代化的需要，明确了发达地区非农化乡村常住人口市民化的发展方向与基本要求。（8）运行机制优化。从中国实际出发，根据新型城镇化制度安排及基本实现社会主义现代化的需要，提出了发达地区非农化乡村常住人口市民化运行机制的优化对策。

本书提出的对策建议主要包括：（1）乡村工业化、非农化并不会自动带来新型城镇化特别是非农化乡村常住人口市民化，非农化乡村中存在乡村工业化逻辑、产业和土地非农化逻辑、政府效率最大化逻辑、制度路径依赖逻辑、农民利益最大化逻辑与乡村常住人口市民化逻辑等多重逻辑的合作与对抗；要关注发达地区非农化乡村制度环境、非农化乡村、个体行动能力与不同类型常住人口市民化诉求的相关性。（2）发达地区非农化乡村常住人口市民化制度变迁，要把解放思想和实事求是、顶层设计和基层创新、系统推进和分类指导结合起来。（3）促进发达地区非农化乡村常住人口市民身份认同，要关注外来村民的老家利益与常住地融入，关注本地村民的乡村利益。（4）强化发达地区非农化乡村常住人口城镇入户选择，本质在提升常住人口市场能力。（5）实现发达地区非农化乡村常住人口市民化，要关注不同类型、不同地域常住人口市民化的诉求、逻辑及其路线差异，特别关注常住人口市民化和土地之间的密切联系。（6）实现发达地区非农化乡村常住人口市民化，要关注对不同类别常住人口的不同影响因素，尤其要重视从宏观视角消弥路径依赖，从中观视角提高治理效能，从微观视角培育公共理性。（7）在基本实现社会主义现代化新阶段，应终结"未市民化"，加快推进外来村民易地市民化，终结"逆市民化"，持续推进本地村民原地市民化，并使非农化乡村及其"村改居"社区中作为市民化对象的所有常住人口终结"半市民化"，朝着共同市民化的发展方向奋勇前进；建构城乡融合与乡镇酌情改制的外部环境，营造常住人口全员升级和共建、共治、共享的内部环境，对最终实现发达地区非农化乡村常住人口共同市民化具有重大意义。（8）实现发达地区非农化乡村常住人口市民化，要进一步优化户籍准入、土地流转、成本分担、就业促进、社会保障等方方面面的运行机制。

本书的主要观点有：（1）在马克思主义基本原理指导下，可以借鉴新制度主义理论分析发达地区非农化乡村常住人口和基层组织在特定制度安排下的行动策略以及制度环境、基层组织与个体行动者的互嵌与互动；与其他相关理论结合起来，能够科学诠释发达地区非农化乡村常住人口市民化问题。（2）密切联系制度环境、基层组织和个体行动者的互嵌与互动并进行系统深入的研究，能够发现推力拉力逆行身份区隔权能不足、兼取城乡之利韧性抵制待价而沽、制度路径依赖效能不高理性缺失，特别是经济组织和基层自治组织未实现分离或经济组织向现代企业转型不彻底，是发达地区非农化乡村常住人口市民化突出问题的生成机理。

三　研究方法与研究难点

本书的研究方法主要有：（1）问卷调研法。问卷调研以珠江三角洲常住人口为调查对象，在珠江三角洲不同类别地区分别选择非农化乡村及其"村改居"① 社区最为集中的地区，考虑区位特征、产业结构、阶层分布等因素，对外来村民、本地村民、外来居民、本地居民（包括外来或本地的"农转非"② 居民）四类常住人口进行调查，并按常住人口构成分层抽样。结构式问卷调查原计划发放 2000 份问卷，为增强调研成果的信度，后扩展为超过 4000 份问卷。最后共收集到 4074 份问卷，其中男性样本 1680 份，女性样本 2394 份。在此基础上借助回归分析、结构方程等具体技术进行统计分析。（2）座谈调研法。课题组共召开了 6 场专题调研座谈会，其中长江三角洲、珠江三角洲各 3 场。长江三角洲的 3 场座谈会在选定的 3 个非农化乡村中召开，座谈对象为该村负责人、常住人口代表及陪同的领导与专家学者；珠江三角洲的 3 场座谈会在某非农化重镇政府大楼召开，座谈对象为该镇领导、该镇相关部门负责人及该镇所辖的 1 个城镇社区和 12 个非农化乡村的负责人。

---

① 即村民委员会（以下简称"村委会"）转变为居民委员会（以下简称"居委会"）。
② 即由农业户口转非农业户口。

每场座谈会参会人数在 10 人至 30 人之间不等，每人发言时间在 5 分钟到一个小时之间不等，共有 35 位调研对象在会上发言。（3）访谈调研法。课题组共在长江三角洲、珠江三角洲选定了 7 个非农化乡村，与 57 位包括外来村民、本地村民、外来居民、本地居民在内的常住人口代表，进行了访问人与受访人二对一、面对面的半结构化访谈，每位受访人接受访问时长为半个小时至一个小时。（4）实地考察法。课题组成员集中考察了长江三角洲、珠江三角洲 15 个非农化乡村及相关的街道、城镇和包括"村改居"社区在内的城镇社区；课题组成员个人以各种不同形式自行考察的实际范围更广，涉及国内外的各种乡村或社区。考察内容主要涵盖非农产业发展、公共设施建设、基本公共服务、人居环境、基层治理、人文风貌等。

研究过程中遇到的困难主要有：（1）发达地区非农化乡村常住人口市民化问题极其错综复杂，其研究难度之大远远超出课题立项时的想象。如调研刚开始，在实地考察的两个非农化乡村中，课题组就被调研对象弄得糊里糊涂。在第一个非农化乡村，有位村民说自己是城镇街道居民，因为他所在的社区就在街道辖区之内，村委会归街道办事处管；在第二个非农化乡村，也有位村民说自己是城镇居民，因为他所在的村就在城镇辖区之内，村委会归镇政府管。他们都有一个很重要的支撑，就是他们都持有个人居民身份证，且家里都有城乡统一登记的居民户口簿。但经过认真询问两个非农化乡村的村委会干部才知道，他们实际上都不属于城镇户籍人口，都是非农化乡村中的农村户籍人口，都是地地道道的非农化乡村村民。这一方面说明中国的市民化进程已在身份称谓的变革上取得重大进展，另一方面也说明市民化过程中村民的身份认同产生了分化。在"突出问题透视""问题成因剖析"的研究中，不仅不同制度环境、不同非农化乡村中不同行动主体的市民身份认同存在极大的分化现象，而且在各类别常住人口中都不同程度地存在一个家庭两种户籍的现象，还有不属于市民化对象的部分常住人口也表现出了回迁乡村的强烈意愿，光看现状就让人眼花缭乱。探究其影响因素更难，不仅涉及深刻的社会历史根源，而且涉及现实环境中宏观、中观、微观等各种层面的复杂因素的影响，另外还涉及不同层次的个体行动者的不同现实考量及对未来的不同预期。有鉴于此，本书在"理论架构阐释"部分之后增加了"制度变迁与市民化"部分，在"突出问题透视"部分之前增加了"市民身份认同的分化""市民化意愿及其分化"两个部分，构成了九章的研究大纲。在这一大纲中，"市民身份认同的分化""市民化意愿及其分化""突出问题透视""问题成因剖析"实际上都属于现状分析；除"导言"外，全书主体内容分为八章，现状分析占了约一半篇幅。（2）尽管现有研究乡城移民、农民工、农业转移人口、流动人口等群体市民化的文献甚多，且与本研究主题相关，但鲜有研究把多主体置于非农化乡村这一特定场域来进行分析，因此可参考借鉴的经验资料较少，也没有现成的大型调查数据资料可供使用，需要研究者独自收集数据资料。对此，研究成员采用多种资料收集方法，最终获得了4000多份调查问卷和逾9万字的座谈纪要、访谈记录等。资料的收集和整理耗费了大量的时间和精力。

四　特色、价值与不足之处

本书的特色大致有：（1）具有政治层面的可靠性与严谨性。本书能够与新时代党和国家的路线方针政策保持一致；同时注意从中国实际出发借鉴新制度主义理论等国内外学术研究成果，紧扣制度变迁严谨论证，在总结经验教训、准确把握社会结构现状的基础上积极稳妥地推进新型城镇化语境下的体制、机制与范式创新。（2）具有实践层面的可行性与实用性。本书能够以历史眼光和时代视野客观认识现实，坚持一切从中国国情特别是推进新型城镇化建设的时代要求出发，坚持以实证调研结果为根本立足点，坚持问题导向，把客观实际与时代要求结合起来解剖现实，积极稳妥谋划未来，为基本实现社会主义现代化新阶段，促进发达地区非农化乡村常住人口市民化，多角度提出具有客观性、适用性、可操作性和创新性的对策建议。（3）具有学理层面的科学性与规范性。本书能够在马克思主义基本原理指导下，把新制度主义理论与其他理论结合起来，把定量研究方法与定性研究方法结合起来，深入分析国家、地方与发达地区关于非农化乡村常住人口市民化的制度安排与基层组织、常住人口的互嵌互动及其行动策略，提出某些重要理论观点，推进中国特色城镇化理论的理论创新；能够遵从研究的一般体例，注重逻辑性与层次性，按学术惯例对实证资料进行匿名处理，按出版规范加注注释和实事求是地标注参考文献，未引用网络文献和未公开发表的内部文献，并基于鉴定成果不得透露作者姓名、工作单位等信息的规定，未采用任何自引文献。

本书的社会价值主要表现在：（1）研究发现，发达地区非农化乡村是当前中国农业转移人口市民化的特殊场域，是新型工业化、新型城镇化和农业农村现代化有机联结的关键性节点，对后发地区具有重要的先导作用；促进发达地区非农化乡村常住人口市民化，是基本实现社会主义现代化新阶段，确保以人为核心的新型城镇化深入推进，确保中国经济社会持续、稳定、健康发展的重大问题。（2）本书坚持从中国实际出发，总结了发达地区非农化乡村常住人口市民化制度变迁历史经验，揭示了发达地区非农化乡村常住人口市民身份认同分化和城镇入户选择分化的基本逻辑，探究了当前中国非农化乡村常住人口市民化突出问题及其生成机理，对发达地区非农化乡村常住人口市民化这一重大问题进行了系统深入的分析。（3）本书就解决好促进发达地区非农化乡村常住人口市民化这一重大问题，明确了具有客观性、前瞻性的总体发展思路，提出了具有可行性与实用性的具体对策，对新时代国家和地方进一步优化发达地区非农化乡村常住人口市民化的制度安排，促进各相关层级制度效能和相关人员公共理性的提升，推动发达地区其他农业转移人口市民化以及引领后发地区加快农业转移人口市民化，在宏观、中观、微观层面，都具有重要的应用价值。

本书的学术价值主要表现在：（1）研究发现，促进发达地区非农化乡村常住人口市民化，是新时代中国特色新型城镇化理论亟待深入探讨的重大理论问题，但在此之前中国学术界尚无发达地区非农化乡村常住人口市民化的专题研究成果，系统深入研究这一问题，对于丰富和发展新型城镇化理论具有重要的理论价值。（2）本书在学术界首次创造性地将新制度主义理论引入发达地区非农化乡村常住人口市民化研究，从国家制度、基层组织、个体行动者等多个层面建构了系统解释发达地区非农化乡村常住人口市民化的分析框架，在研究非农化乡村中作为市民化对象的常住人口总体上"半市民化"问题的同时，较深入地研究了部分外来村民"未市民化"、部分本地村民"逆市民化"等新问题，对当前中国的农民工市民化、农业转移人口市民化研究等都有重要的参考价值。（3）本书在既有研究基础上对非农化乡村、市民化等概念提出了自己的新见解，澄清了非农化乡村中作为市民化对象的常住人口与实有常住人口的区别，在既有研究基础上提出了易地市民化、原地市民化特别是共同市民化等新概念，对丰富和发展中国新时代经济社会学、人口社会学、城乡社会学、移民社会学等理论也具有参考价值。

本书的不足之处主要表现在：一方面，主要关注发达地区非农化乡村及其"村改居"社区属于市民化对象的外来村民、本地村民、未离开过乡村的"农转非"居民和"村改居"社区居民，对传统城镇社区居民、回迁居民以及境外、国外外来移民等具有参照性的常住人口仍然关注不够。另一方面，因新制度主义理论体系庞大、流派颇多、观点纷繁，新制度主义这一理论视角本身尚存在较大的争议，考虑到中国市民化具有其自身的特殊性，再加上研究后期受新冠肺炎疫情的影响征求专家学者意见缺乏广度和深度，以新制度主义理论分析中国发达地区非农化乡村常住人口市民化问题，在概念精准性及本土应用方面仍有进一步提升的空间。受研究能力的制约，这些问题只能留待将来再讨论。

理论架构阐释

无论是属于外出农民工的外来村民，还是属于本地农民工的本地村民，都是发达地区非农化乡村的常住人口，都是农业转移人口市民化的重要组成部分。本书从农业转移人口市民化的角度进行发达地区非农化乡村常住人口市民化的理论阐释。

一　问题的提出

一般而言，所谓农业转移人口市民化，是指农业人口通过乡城迁移，职业非农化转变，就近、就地或原地城镇化等方式，获得城镇永久居住身份，与城镇居民平等享受各项社会福利和政治权利，并融入城镇社会的过程。其中，制度性身份的获得——城镇居民户籍或市民身份的获得，是形式市民化完成的外在标志；而具有与市民大致相当的权益、素质和能力等，则是市民化的内在本质要求。

针对农业转移人口的市民化问题，学者们在经济学、社会学、人口学、管理学等领域进行了诸多研究。他们通常指出的一点是，中国的户籍人口市民化率落后于常住人口城镇化率和土地的城镇化率，中国农业转移人口的市民化进程"水平低、速度慢"[1]。2012年，中国的常住

---

① 齐红倩、席旭文：《分类市民化：破解农业转移人口市民化困境的关键》，《经济学家》2016年第6期，第66~75页。

人口城镇化率、户籍人口城镇化率分别为 52.60%、35.00%[1]；至 2019 年，中国的常住人口城镇化率达 60.60%，户籍人口城镇化率达 44.38%[2]。从 2012 年至 2019 年，中国常住人口城镇化率与户籍人口城镇化率的差距，尽管已从 17.60 个百分点降至 16.22 个百分点，但仍然超过 16 个百分点。基于中国综合社会调查数据资料的分析也发现，改革开放以来，中国农民的职业非农化水平快速提高，但身份市民化的机会则长期保持不变，两者之间的断裂日益扩大。[3] 这些研究进一步指出二者之间的断裂导致城乡之间在共享发展成果方面的不平等，城市按照贡献大小或可能贡献的大小，把有限的市民化机会分配给城市所需要的人及其家属，造成的后果是农业转移人口被动融入城镇，缺乏主动参与享受城镇居民权益的意识，农业转移人口市民化不足。学者们认为，由于中国城乡二元户籍制度的存在，市民化为城市现代化建设筛选适合的、个体化的、无拖家带口的农村精英[4]，只有具备较为出众个人禀赋的个体，才能突破作为社会分层重要标志的户籍制度的制约成为市民[5]，而"农转非"则被认为是跨越制度壁垒、实现社会向上流动的过程[6]。在这种叙事范式下，以基层群众性自治组织为村委会的乡村代表着公共服务不足、权益不足的落后之地，是乡村村民的户籍所在地；而以基层群众性自治组织

[1] 高国力：《新时代背景下我国实施区域协调发展战略的重大问题研究》，《国家行政学院学报》2018 年第 3 期，第 109～115 页。
[2] 国家统计局：《中华人民共和国 2019 年国民经济和社会发展统计公报》，《人民日报》2020 年 2 月 29 日，第 5 版。
[3] 李丁：《有限机会的公平分配 中国农民子女市民化的水平与模式》，《社会》2014 年第 4 期，第 91～118 页。
[4] 汪超、刘涛：《生计脆弱性：何以为及何以能——来自中国农村进城务工女性的实践调查》，《苏州大学学报》（哲学社会科学版）2017 年第 5 期，第 47～54 页。
[5] J. R. Logan, Y. Z. Fang, "Z. Access to Housing in Urban China," *International Journal of Urban & Regional Research*, 2009, 33（4）：914–935; X. Wu, D. J. Treiman, "The Household Registration System and Social Stratification in China：1955–1996," *Demography*, 2004, 41（2）：363–384.
[6] 林易：《"凤凰男"能飞多高 中国农转非男性的晋升之路》，《社会》2010 年第 1 期，第 88～108 页；刘精明：《向非农职业流动：农民生活史的一项研究》，《社会学研究》2001 年第 6 期，第 1～18 页；吴晓刚：《中国的户籍制度与代际职业流动》，《社会学研究》2007 年第 6 期，第 38～65 页。

为居委会的城镇社区则成为现代性的代表，是城镇居民的户籍所在地。

然而需要指出的是，以珠江三角洲地区为代表的城镇化，通过乡村工业化和吸引外资企业，大量地区从传统农村过渡到非农化乡村，并与现代都市交错，成为"城市里的乡村"，兼享市民化服务和村民"特权"的本地村民，却在自建房屋收取租金，享受村固定资产、土地、厂房出租带来的分红，导致"村落终结"艰难。① 本地村民既享有市民化服务又在不同程度上享受农民"特权"，形成了利益固化的"城市里的乡村"。② 鉴于快速工业化进程中乡村土地不断增值，本地村民基于经济理性，运用弱者的"韧武器"对市民化进行了非对抗性抵制。③ 尽管国家希望借助"村改居"、村集体经济组织改制等制度变革实现非农化乡村的市民化，但在城市、农村以及流动于城乡之间的农民工群体形成的"三元社会结构"的制约下，出现了"被动市民化"等现象。④ 发达地区非农化乡村集体经济发达，地理空间与现代都市无异，但在行政管理体制、生活方式、公共服务供给等方面却又无处不隐现乡村的影子，村落的终结并不容易。即使是对农业转移人口中的主体——外出农民工或本地农民工——非农化乡村的外来村民或本地村民而言，是否入户亦是出于经济理性或社会理性的选择，要考虑其个体意愿，城镇居民户口的吸引力并非如想象的那么大。一些经验研究发现，流动人口的城镇入户意愿并不高⑤，就地城镇化出现"居住与身份分离"现象，农民

---

① 李培林：《巨变：村落的终结——都市里的村庄研究》，《中国社会科学》2002 年第 1 期，第 168～179 页。

② 敬东：《"城市里的乡村"研究报告——经济发达地区城市中心区农村城市化进程的对策》，《城市规划》1999 年第 9 期，第 8～12 页。

③ 折晓叶：《合作与非对抗性抵制——弱者的"韧武器"》，《社会学研究》2008 年第 3 期，第 1～28 页。

④ 刘天旭、郑恺：《改革开放以来我国农民被动市民化的历史演变》，《农村经济》2012 年第 12 期，第 113～116 页。

⑤ 张翼：《农民工"进城落户"意愿与中国近期城镇化道路的选择》，《中国人口科学》2011 年第 2 期，第 14～26 页；韩清池、谌新民：《劳动关系对农民工入户中小城镇意愿的影响——基于广东省 151 家企业的调查》，《中国人口科学》2016 年第 5 期，第 101～109 页；聂伟、风笑天：《就业质量、社会交往与农民工入户意愿——基于珠三角和长三角的农民工调查》，《农业经济问题》2016 年第 6 期，第 34～42 页。

"购房但不落户"①。毋庸置疑，流动人口当然包括发达地区非农化乡村的外来村民，而外来村民正是本课题所关注的重点市民化对象之一。

由此可见，与西方发达国家所走过的城镇化道路不同，中国乡村的工业化未必能自然带动乡村城镇化及其常住人口的市民化，简单化的组织变革和受多重因素制约的理性选择也未必能够有效促进农业转移人口市民化。近年来，相关研究主题已出现从土地、产业城镇化等传统型城镇化向以人为核心的新型城镇化的转变，解释模式已出现从行为主义向制度主义的转变。但是，相关研究大都关注农业转移人口市民化进程中的具体问题，鲜有人把国家制度、乡村组织与农民的行动策略纳入系统分析框架，对发达地区非农化乡村常住人口市民化问题做出理论解释。

城镇化过程中形成的非农化乡村，是不同类型农业转移人口聚居的新型社会空间，是多种力量交锋的社会场域，其间存在乡村工业化逻辑、产业和土地非农化逻辑、政府效率最大化逻辑、制度路径依赖逻辑、农民利益最大化逻辑与乡村常住人口市民化逻辑等多重逻辑的合作与对抗。因此，何以发达地区非农化乡村常住人口的市民化滞后于土地和产业的非农化，如何深刻理解非农化乡村中属于市民化对象的各类常住人口的"共同市民化"和有效推动其进程，便是本课题试图研究回答的主要问题。

二　市民化研究的文献回顾与述评

（一）宏观视角：社会制度、结构与市民化

市民化形式上的标志是乡村村民身份转为城镇居民身份，即从村民到市民的身份变更。换言之，这是一种户籍身份转换而非个体素质变化的市民化状态。但让乡村村民获得与市民大致相当的权能，则是市民化

---

① 彭荣胜：《传统农区就地就近城镇化的农民意愿与路径选择研究》，《学习与实践》2016年第4期，第59~67页。

的本质内容。既有关于市民化的研究大多借助西方的移民迁移理论，围绕身份转变、迁移流动等主题，从宏观、中观和微观三个层面进行了系统性的分析。在宏观层面，以刘易斯等为代表的发展经济学家提出了城乡二元结构理论①，人口学家埃弗雷特·李等人提出了推拉理论②。在中观层面，明赛尔建立了用来分析家庭转移决策问题的家庭联合模型③，斯塔克和泰勒基于家庭或家族决策视角分析了家庭因素对劳动力迁移的影响④。在微观层面，一些学者基于个人理性的角度，解释了劳动力迁移的内在机制，例如斯亚斯塔德基于个人净收益角度，解释了劳动力迁移的原因，从而建立了个人转移决策模型⑤。

现代化移民理论把移民视为发展的结果，以推拉理论为代表的结构解释强调结构性的、宏观的社会经济发展不平衡引起的推拉因素的影响，即经济社会发展水平高的地区对移民形成了拉力，与此同时，经济社会发展水平低的地区则对移民形成了推力，正是迁出地与迁入地之间经济机会的差异影响了劳动力的迁移。在经典的推拉理论中，刘易斯提出的二元经济结构理论指出，影响人口流动决策的原因是多变和负载的，包括社会因素、自然因素、人口学因素、文化因素以及信息因素。⑥ 其中社会因素强调迁移对原有社会关系与社会组织的破坏，信息因素强调的则是地区之间的交通、教育制度的城市偏向性，以及现代化程度的影响。博格提出的劳动力转移的推力—拉力理论认为，迁移是流出地的推力与流入地的拉力共同作用的结果。推力因素通常指流出地农

---

① W. A. Lewis, "Economic Development with Unlimited Supplies of Labor," *The Manchester School of Economics and Social Studies*, 1954, 22 (2): 139 – 191.

② E. S. Lee, "A Theory of Migration," *Demography*, 1966, 3 (1): 47 – 57.

③ J. Mincer, "Family Migration Decisions," *Journal of Political Economy*, 1978, 86 (5): 749 – 773.

④ O. Stark, J. E. Taylor, "Migration Incentives, Migration Types: The Role of Relative Deprivation," *Economic Journal*, 1991, 101 (408): 1163 – 1178.

⑤ L. A. Sjaastad, "The Costs and Returns of Human Migration," *Journal of Political Economy*, 1962, 70 (5): 80 – 93.

⑥ W. A. Lewis, "Economic Development with Unlimited Supplies of Labor," *The Manchester School of Economics and Social Studies*, 1954, 22 (2): 139 – 191.

业生产成本较高、自然资源短缺以及就业机会不足或就业收入较低等，这些推力因素将迫使人口外流；拉力因素则指流入地具有更多的就业机会、更高的就业收入、更好的公共服务水平和生活水平。[1] 哈瑞斯和托达罗认为城乡预期收入差异以及迁移者在城市现代部门找到工作的可能性决定了农业劳动者的迁移情况，迁移后在城市找到工作的可能性越高以及预期获得的收入相比流出地越多，流入城市的人口就越多。[2] 总体而言，哈瑞斯和托达罗提出的托达罗模型指出，迁移是人口受比较经济利益驱动而做出的从低收入地区或部门流向高收入地区或部门的经济理性行为，发展中国家乡城人口流动则主要取决于城市和农村之间就业机会的不同、因就业机会不同而导致的实际工资差异以及流动到城市后能够就业的概率。然而，托达罗模型在解释迁移时只考虑了迁移成本而忽略了迁移后在城市的生活成本，这一疏忽使得该模型解释力受限。事实上，流出地并非只有推力效应，也存在大量的拉力因素，如家庭团聚、熟悉的自然人文环境、家乡形成的社会交往网络等。流入地也存在诸多推力因素，如流动带来的家庭分离、工作竞争压力、生活成本压力等。

　　推拉理论奠定了国内乡城移民研究的理论基石，学者们结合中国的制度情境，分析了中国劳动力迁移的宏观机制。例如有学者借助刘易斯的二元经济结构理论，提出了中国的三元经济结构理论，把城镇地区的非正规就业部门纳入劳动力迁移的分析框架中。[3] 高国力则借用托达罗预期收入模型，基于中国国情，分析了中国城乡之间的劳动力迁移，认为区域发展不平衡导致的经济收入差距是农村劳动力转移的重要原因之一。[4] 李实则从市场机制引入导致中国经济转轨角度，研究了农村劳动

① D. J. Bogue, "Internal Migration," in M. H. Philip, O. D. Duncan, eds., *The Study of Population: An Inventory Appraisal*, Chicago: University of Chicago Press, 1959: 486 – 509.

② J. R. Harris, M. P. Todaro, "Migration, Unemployment and Development: A Two-Sector Analysis," *American Economic Review*, 1970, 60 (1): 126 – 142.

③ 陈吉元、胡必亮：《中国的三元经济结构与农业剩余劳动力转移》，《经济研究》1994 年第 4 期，第 14～22 页。

④ 高国力：《区域经济发展与劳动力迁移》，《南开经济研究》1995 年第 2 期，第 27～32 页。

力转移的原因。① 除了从城乡之间社会经济发展的差异来解释劳动力迁移外，越来越多的学者注意到中国户籍制度对农业转移人口迁移决策的影响。例如蔡昉从经济体制转型与城乡之间相对收入差距角度分析了其对劳动力迁移的影响，② 认为城乡二元户籍制度安排阻碍了农村剩余劳动力的转移，即制度性障碍对劳动力的自由流动有重要影响，因此预期收入模型和人力资本禀赋等难以真正解释迁移决策行为。李永友、徐楠指出，发达地区市民化过程中征地过程信息透明度低、农用地征转用增值收入分配决策民主化程度低、失地后就业安置不力等，是导致失地农民市民化身份认同低的重要制度因素。③ 梁潇则认为户籍制度改革出现的系列问题导致"半城镇化"。④ 迁移中的制度分析传统一直延续至今，例如针对户籍制度中条件准入制和积分入户制两条落户通道对人口流动影响的研究⑤、对积分入户制度的比较研究⑥，以及积分入户制度对农民工市民化意愿的影响的研究⑦，此外还有对土地制度与市民化关系的研究⑧、对社会保障制度与市民化关系的研究⑨等。可见，制度或结构分析在当前农业转移人口的迁移、市民化研究中依旧占有理论的中心位置，也是主流的分析框架。

---

① 李实：《中国经济转轨中劳动力流动模型》，《经济研究》1997 年第 1 期，第 23～30 页。

② 蔡昉：《劳动力迁移的两个过程及其制度障碍》，《社会学研究》2001 年第 4 期，第 44～51 页。

③ 李永友、徐楠：《个体特征、制度性因素与失地农民市民化——基于浙江省富阳等地调查数据的实证考察》，《管理世界》2011 年第 1 期，第 62～70 页。

④ 梁潇：《户籍制度改革"半城镇化之痛"的现状、问题及法律对策——来自重庆"一圈两翼"地区 294 户农民的调查》，《社科纵横》2013 年第 4 期，第 24～27 页。

⑤ 王阳：《户籍制度改革对人口流动的影响研究》，《劳动经济评论》2017 年第 2 期，第 102～124 页。

⑥ 张小劲、陈波：《中国城市积分入户制比较研究：模块构成、偏好类型与城市改革特征》，《华中师范大学学报》（人文社会科学版）2017 年第 6 期，第 1～10 页。

⑦ 李竞博、高瑗、原新：《积分落户时代超大城市流动人口的永久迁移意愿》，《人口与经济》2018 年第 1 期，第 17～27 页。

⑧ 赵智、郑循刚、李冬梅：《土地流转、非农就业与市民化倾向——基于四川省农业转移人口的调查分析》，《南京农业大学学报》（社会科学版）2016 年第 4 期，第 90～99 页。

⑨ 朱雅玲、李英东：《城乡福利差异对农民工市民化影响实证》，《西安交通大学学报》（社会科学版）2016 年第 1 期，第 45～53 页。

（二） 微观视角：网络、理性与迁移

波特斯认为，迁移过程中的每一个环节皆离不开社会网络的支持，例如决定是否移民、何时移民、迁移到何处、迁入后如何定居、寻找工作以及适应、融入迁入地的社会经济生活等都与社会网络有关。[①] 刘易斯、博格、托达罗等经济学家提出的人口流动模型，皆是从外部因素考虑人口流动，而忽视了迁移者个人的微观因素或内部因素在乡城人口流动决策过程中的影响。理性选择学派认为结构解释过于强调结构性因素的作用，而忽视了个体对客观环境的判断以及能动性。[②] 以托达罗为代表的新古典经济学微观理论，在解释劳动力的迁移行为时，试图用量化的数学模型，从个体理性选择的角度来解释，以弥补宏观迁移理论的不足。[③] 劳动力迁入某一地的可能性由净收益决定，如果计算出的净迁移收益是正的，出于理性，个体会做出迁移的选择；如果计算出的净迁移收益是负的，出于理性，个体则不会做出迁移的选择；如果净迁移收益为零，则可能迁移，也可能不迁移。[④] 为此，舒尔茨把人力资本因素引入人口流动模型，扩展了成本—收益分析框架，在他看来，成本和收益不限于货币收入或可用货币衡量的成本和收益，还包括非货币性的成本与收益。[⑤]

现代化移民理论把移民视为发展的结果，强调结构性的、宏观的社会经济发展不平衡引起的推拉因素的影响，但仅有以推拉理论为代表的结构解释，现实中还难以深入解释移民个体及其家庭的迁移策略，更无

① A. Portes, J. Sensenbrenner, "Embeddedness and Immigration: Notes on the Social Determinants of Economic Action," *American Journal of Sociology*, 1993, 98 (6): 1320 – 1350.
② 林蔼云：《漂泊的家：晋江—香港移民研究》，《社会学研究》2006 年第 2 期，第 134 ~ 161 页。
③ M. Todaro, "A Model of Labor Migration and Urban Unemployment in Less Developed Countries," *American Economic Review*, 1969, 59 (1): 138 – 148.
④ D. S. Massey, J. Arango, G. Hugo, et al., "Theories of International Migration: A Review and Appraisal," *Population & Development Review*, 1993, 19 (3): 431 – 466.
⑤ T. W. Schultz, "Value of U. S. Farm Surpluses to Underdeveloped Countries," *Journal of Farm Economics*, 1960, 42 (5): 1019 – 1030.

法解释本地村民的市民化问题。对此，理性选择学派认为结构解释过于强调结构性因素的作用，而忽视了个体对客观环境的判断以及能动性。[①] 20 世纪 80 年代末，移民理论出现了新的转向——从移民个体转向移民家庭，其典型是家庭策略理论。家庭策略理论将家庭作为移民的分析单位，认为迁移决策是家庭成员对家庭资源（尤其是劳动力资源）的理性分配，目的在于增进家庭经济收入并减少家庭经济风险，降低家庭在迁出地的市场风险，从而实现收入最大化以及经济风险最小化[②]；家庭选择让部分成员留在本地劳动力市场，部分家庭成员则被送到外地劳动力市场，实现收益的多样化以降低家庭经济风险[③]；家庭对迁移决策起着主导作用，特别是在家庭生命周期的关键时刻和阶段[④]。家庭策略理论一改过去以个体为重点的迁移研究，把家庭看作理性选择的单元和分析的对象。按照理性选择理论，如果预期在一段时间内，个体或家庭获得市民身份的收益会超过其保留农民身份的收益，那么这个个体或家庭就会愿意放弃农民身份而成为市民。[⑤]

在中国农业转移人口的流动决策与市民化研究中，已有学者借用理性选择理论和家庭策略理论，或者采用制度—行动分析框架，来分析城乡二元结构下个体和家庭的迁移决策、市民化选择。大量的实证研究结果证明了诸如农业转移人口的个体特征、社会经济地位、家庭禀赋等因素对市民化具有重要影响。例如国内学者分析了体制转型与户籍身份转换之间的微观机制变迁，发现"农转非"从改革前的国家制度庇护和个人能力筛选的混合模式过渡到改革后期途径更多元、机会更平等、群

---

① 林蔼云：《漂泊的家：晋江—香港移民研究》，《社会学研究》2006 年第 2 期，第 134 ~ 161 页。

② D. S. Massey, "Social Structure, Household Strategies, and the Cumulative Causation of Migration," *Population Index*, 1990, 56 (1): 3 – 26.

③ O. Stark, "Migration Decision Making: A Review Article," *Journal of Development Economics*, 1984, 14 (1): 251 – 259.

④ E. Kofman, "Family-Related Migration: a Critial Review of European Studies," *Journal of Ethnic and Migration Studies*, 2004, 30 (2): 243 – 262.

⑤ 这里收益可以被广泛地理解为经济收益、社会地位的收益、个人成就的收益，甚至家庭规避风险的收益等。

体差异增大以及职业分布趋于分散的模式[①]；强调职业稳定性和家庭完整性对农民工入户的影响[②]；借用理性选择理论，着重分析了理性的不同类型——社会理性与经济理性对不同迁移意愿的影响[③]；等等。

三 新的解释框架：新制度主义与市民化选择

（一）新制度主义视角

尽管以上理论视角各有其侧重点，但皆关注影响市民化的路径和机制。其中，结构主义视角观点认为，户籍制度是影响农民市民化的制度结构性因素。理性选择理论强调农民的教育、职业和收入对于其市民化意愿的影响。事实上，任何一类因素的影响都不是独立的。

发达地区非农化乡村属于特定的一类场域，表现为城镇社会的物理特征和乡村社会的制度特征相混合，其常住人口市民化过程错综复杂，需要引入动态的、系统的多元交互研究视角。个体理性受制于制度环境，组织运行需要嵌入特定的政策背景，在研究特定社区中个体的市民化策略时，需要探讨在制度环境约束下个体与组织的互动及这种互动关系如何与更高层面的制度环境互嵌。如图 2 - 1 所示，本书采用新制度主义的研究框架，强调制度环境、乡村组织与个体的互构过程，并在此过程中拓展发达地区非农化乡村常住人口的共同市民化路径。

实证研究已经表明，流动人口合法性永久迁移与其个人特征、家庭特征及社会经济特征密切相关。[④] 因此，市民化不能仅仅被看作乡村工

---

① 边燕杰、李颖晖：《体制转型与户籍身份转化："农转非"微观影响机制的时代变迁》，《中山大学学报》（社会科学版）2014 年第 4 期，第 124~134 页。
② 魏万青：《从职业发展到家庭完整性：基于稳定城市化分析视角的农民工入户意愿研究》，《社会》2015 年第 5 期，第 196~217 页。
③ 蔡禾、王进：《"农民工"永久迁移意愿研究》，《社会学研究》2007 年第 6 期，第 86~113 页。
④ 李竞博、高瑷、原新：《积分落户时代超大城市流动人口的永久迁移意愿》，《人口与经济》2018 年第 1 期，第 17~27 页。

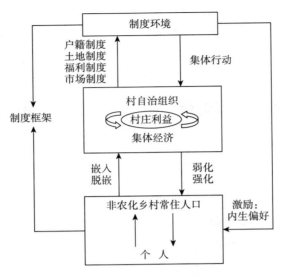

图 2 - 1　非农化乡村常住人口市民化的新制度主义模型

业化（城镇化）作用的结果，同时还要考虑不同个体在面临差异性机
会结构时做出的自我选择。按照新制度主义的观点，自我选择行为发生
在一种制度环境中，要理解这一行为，就必须要考虑到行动背后的制度
性因素。与此同时，制度具有内生偏好，它塑造着激励结构，通过社会
化等过程，内化为个体的价值观念，从而塑造个人的行为动机和选
择。① 新制度主义者主张重新回到波兰尼的"嵌入性"② 概念，以避免
行动者社会化不足或过度社会化的观点，强调行动是受一定情境约束的
理性选择。维克多·尼所提出的新制度主义的多层次因果分析框架，就
由宏观层次的制度环境、中观层次的社区或组织和微观层次的人际互动
（群体和个人的行为模式）所构成。③

---

① 〔美〕斯梅尔瑟、〔瑞典〕斯威德伯格主编《经济社会学手册》（第二版），罗教讲、张永
　宏等译，华夏出版社，2009，第61页。
② K. Polanyi, *The Great Transformation*: *The Political and Economic Origins of Our Time*, Boston:
　Beacon Press, 2001: 21 - 22.
③ 〔美〕维克多·尼：《经济学与社会学中的新制度主义》，载〔美〕斯梅尔瑟、〔瑞典〕斯
　威德伯格主编《经济社会学手册》（第二版），罗教讲、张永宏等译，华夏出版社，2009，
　第59～88页。

（二）研究假设

本书以新经济社会学的新制度主义理论模型来分析国家的制度环境、乡村组织与个体在推动发达地区非农化乡村常住人口市民化过程中的相互作用，建立多层次因果分析框架，从而厘清发达地区非农化乡村不同类别常住人口的市民化机理机制。在新制度主义框架下，作为外生变量的户籍制度、土地制度、福利制度和市场制度等，构成了发达地区非农化乡村的制度环境；作为连接杠杆的村自治组织和经济组织等集体行动者，构成了连接制度环境与个体行动者的关键环节；作为主体力量的常住人口以个体行动者的集合，构成了制度环境和村自治组织既定目标实现的基本载体。一方面，制度环境形塑村自治组织和经济组织，使之围绕村公共事务采取集体行动，并通过组织监督强化村内个体的理性行动策略；另一方面，制度环境构成了个体行动的内生偏好激励机制，户籍制度和市场化带来的红利激励或约束发达地区不同类型常住人口的内生偏好。由于非农化乡村常住人口服从或脱嵌于村自治组织和经济组织，个体的行动会影响村自治组织和经济组织的行动，并进而强化或弱化既有的制度安排；处于组织层面的村自治组织和经济组织之间的权力关系与互动，在不同程度上影响制度安排和个体行动者的行动。在多种力量的交互作用下，不同类型的常住人口虽然面对基本相同的制度环境变量，但是，由于每类人群的自身资源、权力地位、制度依赖路径千差万别，因而形成各自不同的市民化路径，且每一类群体受利益关系、社会关系以及个体行动能力的影响，又形成了不同的市民化诉求（见表2-1）。

表2-1 发达地区非农化乡村不同类型常住人口可能的市民化诉求

人口类型	制度环境		非农化乡村		个体行动能力	市民化诉求
	制度约束	制度依赖	利益关系	社会关系	市场能力	户籍诉求
外来村民	城乡区域二元制度		家乡集体分红、家乡宅基地、家乡土地	邻里、亲戚、朋友网络；本地人际交往	住房、职业、收入、家庭经济	公共服务均等的权利

续表

人口类型	制度环境		非农化乡村		个体行动能力	市民化诉求
	制度约束	制度依赖	利益关系	社会关系	市场能力	户籍诉求
本地村民	户籍制度 土地制度 福利制度 市场制度	城乡区域 二元制度 固化	集体分红、宅基地、土地、物业出租	邻里关系、亲戚朋友、家人定居	住房、职业、收入、家庭经济	维护"村籍",保留村民权
"农转非"居民			集体分红、宅基地、土地、物业出租	邻里关系、亲戚朋友、家人定居	住房、职业、收入、家庭经济	市民权或保留的部分村民权

在新制度主义框架下,城乡二元户籍制度下城镇居民户籍占有更大的福利优势,城镇通过制度性筛选,吸纳非城镇居民户籍人口中的精英群体成为市民。包括非农化乡村外来村民在内的普通农民工中,部分人赋权不足,社会保障权利缺乏,通常难以分享经济和社会发展的成果。以积分入户、人才入户为代表的入户政策,具有明显的城市"筛选性"和"导向性"。[1]"农转非"被认为是跨越制度壁垒、实现社会向上流动的过程[2],同时这种转变也为子女的发展争取了基本权利、创造了条件[3]。且经济越是发达的地区,入户所带来的福利越高。因此对于发达地区非农化乡村外来村民而言,当地乡村经济发展水平越高,提供的社会福利、市场就业机会就越好,外来村民入户当地的意愿也越高。对于已经"农转非"的部分外来居民而言,无论是不再属于市民化对象、已经离开乡村到城镇工作之后再来到非农化乡村常住地工作的"农转非"居民,还是仍属于市民化对象、直接在老家乡村"农转非"后来到常住地、尚未最终完成市民化转型、仍在非农化乡村居

---

① 张小劲、陈波:《中国城市积分入户制比较研究:模块构成、偏好类型与城市改革特征》,《华中师范大学学报》(人文社会科学版)2017 年第 6 期,第 1~10 页。

② 林易:《"凤凰男"能飞多高 中国农转非男性的晋升之路》,《社会》2010 年第 1 期,第 88~108 页;吴晓刚:《中国的户籍制度与代际职业流动》,《社会学研究》2007 年第 6 期,第 38~65 页;刘精明:《向非农职业流动:农民生活史的一项研究》,《社会学研究》2001 年第 6 期,第 1~18 页。

③ X. Wu, D. J. Treiman, "The Household Registration System and Social Stratification in China: 1955–1996," *Demography*, 2004, 41 (2): 363–384.

住工作生活的"农转非"居民，乡村的好处都将对他们形成一定的吸引力。相反，对于部分本地村民而言，户籍制度、土地制度、福利制度、市场制度带来的发展红利强化了其在乡村的利益结构，制度身份的市民化反而不利于其乡村利益结构的维持，因此，乡村经济发展水平越高，其入户城镇的意愿越低。对于已经"农转非"的部分本地居民而言，则通常也会在不同程度上接近已经"农转非"的部分外来居民的心态而临渊羡鱼，他们具有地理优势，因而更容易"悔不当初"，羡慕本地村民。

在中观社区层面，由于中国特定户籍制度和产权制度的存在，乡村非农化并不必然导致市民化，在工业化过程中形成的富裕村庄，村集体经济的存在使得村集体靠出租厂房、家庭靠出租民房收取租金，形成"食租阶层"，以及城镇化进程中乡村土地不断增值，级差地租不断延伸，本地村民力图实现利益最大化，从而出现部分本地村民"逆市民化"等现象。由于在变迁中形成的巨大的以村庄为边界的资源和利益，部分本地村民愿意保留乡土社会生活秩序与原则，最终使"村落终结"艰难。由此可以提出利益拉力假设，即部分村民老家乡村或所在非农化乡村的利益越大，其身份市民化的意愿就越低。并且利益的拉力还会对已经"农转非"的居民形成较大吸引力，即发达地区非农化乡村已"农转非"的城镇户籍居民，想重回"村籍"的意愿较大。

除了利益关系外，非农化乡村社会关系网络也可能是市民化对象身份认同与身份市民化的重要影响因素。对外来村民而言，他们经常基于地缘、友缘和亲缘关系而紧密地团结在一起，个体嵌入常住地越深，则越是倾向于入户当地。因此，乡村交往参与度高、支持强的外来村民更加倾向于身份市民化。对本地村民而言，嵌入本地社会关系网络越深，他们改变户籍身份的诉求可能会越低；越是脱嵌于本地社会关系网络，他们身份市民化的意愿可能会越高。

城镇化的过程是制度选择（入户条件、能力）与意愿相匹配的过程。从微观个体行动来看，农业转移人口身份市民化是出于经济理性或社会理性的选择，要考虑其个体意愿。① 通俗而言，发达地区非农化乡村常住人口市民化，要考虑常住人口的市场能力，这关系他们身份转变后能否在城镇立足、发展的问题。市场能力直接表现在他们的受教育程度、语言能力、自有产权住房拥有状况、所属职业阶层和收入阶层，以及家庭社会经济地位等方面。在教育水平、职业声望和经济收入上越有优势的常住人口，对乡土的依赖性就越低，这些优势会直接提高他们对于城镇生活的满意度以及幸福感，并使他们拥有能够在城镇定居的物质条件。因此，市场能力的差异将是影响外来村民、本地村民和从未离开过乡村的"农转非"居民市民化选择分化的重要因素。市场能力越高则乡土依赖越低，意味着市场能力越高的外来村民、本地村民，其身份市民化的意愿越高；反之，则越低。市场能力越高的"农转非"居民，愿意"逆城市化"获得当地"村籍"的意愿越低；反之，则越高。

四 基本概念与问卷样本描述

（一）发达地区与非农化乡村

本书所称的"发达地区"，是指中国经济发展水平较高的东部地区，主要包括环渤海地区、长江三角洲地区和珠江三角洲地区，覆盖北京、天津、河北、上海、江苏、浙江、福建、山东、广东和海南10省（市）。本课题组的实证调研地点在长江三角洲地区和珠江三角洲地区，覆盖上海、江苏、浙江、广东4省（市）。但就发达地区非农化乡村常住人口的流出地、输出地或迁出地而言，还覆盖中国东部地区、中部地区、西部地区、东北地区的相关省（区、市）。②

---

① 蔡禾、王进：《"农民工"永久迁移意愿研究》，《社会学研究》2007年第6期，第86～113页。
② 本书仅研究中国大陆地区的市民化对象，不涉及台湾、香港、澳门地区的外来居民以及跨国进入中国的外来移民。

本书所称的"非农化乡村",是指常住人口中的市民化对象基本上在非农产业就业,基本以非农就业收入为生活来源,且尚未"村改居"的乡村。但从课题需要出发,在后续部分还将适度延伸到非农化乡村"村改居"后形成的"村改居"社区,因为这类"村改居"社区不仅城镇化任务仍未实质性完成,其常住人口的市民化任务也未实质性完成。

(二)乡村与社区、村民与居民

本书中,课题组将村委会所在地定义为"乡村",将居委会所在地定义为"社区"。众所周知,社区现在已经成为中国乡村和城镇基层地域性单位共同的称谓。应该充分肯定,现在中国学术界的主流观点以及制度规定和城乡基层社会治理实践中,一般已经将社区概念适用于城乡基层,基本上扭转了改革开放初期仅将社区概念适用于城镇基层的现象,这是消弭城乡差别的重要尝试和全新起点。但是,城乡差别依然存在,在现实生活中,"村"是大家都能接受的乡村基层地域性单位名称,而"居"则是城镇基层地域性单位名称,如果将"村"和"居"统一称为社区,那么在进行市民化研究时就会难以区分不同户籍身份属性的市民化对象的居住地或常住地在制度层面上的城乡属性。本课题做出这样的规定,仅仅基于本课题为免研究中因概念混乱产生歧义的需要,并不具有对其他相关研究的普适性。

本书中,课题组统一将乡村(或农村)户籍者定义为"村民",将城镇(或城市)[①]户籍者定义为"居民"。应该充分肯定,从 1984 年中华人民共和国居民身份证开始试行,到现在城乡统一的居民户口的登记完成,都是消弭城乡差别的重要尝试和全新起点。但是,在现实

---

① 乡村从地理属性上与农村大致相当,城镇从地理属性上与城市大致相当。但乡村一般视为与城镇相对应的概念,农村一般视为与城市相对应的概念。鉴于将非农化乡村称为"非农化农村"自相矛盾,城镇称谓也更适合中国语境,这里称"乡村(或农村)""城镇(或城市)"。

生活中，城乡差别仍然在较大范围内存在并构成市民化进程的重要障碍因素，常住人口城镇化率与户籍人口城镇化率差距较大就是明证。正因为如此，现在城乡统一登记的居民户籍中仍有备注城乡属性的身份标识同时存在，否则无法统计户籍人口城镇化率的实现程度，标识市民化进程。因此，本课题仍遵从《中华人民共和国村民委员会组织法》《中华人民共和国城市居民委员会组织法》的现行表述来区分不同公民的户籍属性。本课题组做出这样的界定，同样仅仅基于避免研究中因概念混乱而产生歧义，也不具有对其他相关研究的普适性。①

（三）非农化乡村常住人口

发达地区非农化乡村及其"村改居"社区的常住人口，把其地域属性与户籍属性结合起来，可分为外来村民、本地村民、外来居民、本地居民四大类；把其市民化转型属性与身份属性结合起来，可分为转型村民、转型居民、其他居民三大类。② 鉴于前一种分类方式比较直观，这里不详细解释。而后一种分类方式既体现了本书研究对象在难点上的普遍性，也表征了本书研究对象在重点上的层次性，这里予以简要诠释。在本书中，重点研究对象为发达地区非农化乡村及其"村改居"社区的转型村民，一般研究对象为发达地区非农化乡村及其"村改居"社区的转型居民，延伸研究对象为发达地区非农化乡村及其"村改居"社区的其他居民。

发达地区非农化乡村及其"村改居"社区的转型村民，包括外来

---

① 本书"导言"讨论研究难点时列举的两位乡村村民将自己认同为社区居民的实例，就是现实生活中在户籍身份辨识上容易产生歧义的特殊案例。

② 从学理上说，似乎应该还有与市民化转型无关的"其他村民"。例如，外来村民中，有极个别仍在农业领域就业的代耕农民；本地村民中，也有极个别仍在农业领域就业的职业农民。但根据国家关于市民化要在以农业转移人口为重点的同时兼顾"城区城郊农业人口"的制度安排〔中共中央、国务院：《国家新型城镇化规划（2014—2020 年）》，《农村工作通讯》2014 年第 6 期，第 32～48 页〕，这些极个别外来村民或本地村民，实际上也已经被视为外出农民工或本地农民工纳入市民化对象之中，不再属于与市民化转型无关的"其他村民"。

村民和本地村民。外来村民存在于发达地区非农化乡村及其"村改居"社区；① 本地村民则仅仅存在于发达地区非农化乡村。外来村民与本地村民的区别是：从其非农产业就业的职业属性上说，他们分别属于国家统计口径中的外出农民工和本地农民工；从国家城镇常住人口统计口径来说，他们虽然都属于城镇常住人口，但分别属于学术话语体系中的乡城移民、易地市民化对象和本地户籍人口、原地市民化对象。常住地发达程度不同，二者在数量、市民化程度上也有很大差异。一般来说，发达程度较高的常住地，外来村民数量较多，福利保障条件较差；本地村民数量较少，福利保障条件较好。这说明对二者的研究具有不同类型的难度。外来村民与本地村民的联系是：二者一般都在非农产业就业，常住地一般都地处城郊、镇区甚至为城区或镇区所包围，无可非议地都属于尚未完成转移的农业转移人口；二者均未完成由户籍村民到户籍居民身份变更的形式市民化，也未完成由传统农民向现代市民权能提升的内容市民化，因而二者都是发达地区非农化乡村常住人口市民化研究的重点研究对象。

转型居民指非农化乡村中以土地换指标等方式产生、一直居住在乡村（包括非农化乡村）以及由非农化乡村过渡到"村改居"社区的"农转非"居民和因"村改居"时原地市民化或易地市民化等由转型村民改变户籍身份生成的"村改居"社区居民。这两类转型居民的区别是：前者也将是或已经是"村改居"社区居民，但不是由转型村民转型生成的"村改居"社区居民；后者也是"农转非"居民，但不是非农化乡村时期就已转变户籍的"农转非"居民。二者的区别，说明对二者的研究具有不同类型的难度。这两类转型居民的联系是：二者都是本地居民或外来居民中尚未完成转移的农业转移人口，都是乡村或

---

① 在非农化乡村"村改居"时，符合入籍城镇条件的部分外来村民，可以入籍到自己熟悉的非农化乡村"村改居"之后的"村改居"社区。但因条件所限很难全部伴随"村改居"改变户籍成为"村改居"社区居民，再加上不断有新的外来村民入住"村改居"社区，"村改居"社区常住人口中大都在不同程度上仍然存在外来村民。

非农化乡村的原村民；都已完成户籍身份变更的形式市民化并在一定程度上实现了其权能提升的内容市民化，但尚未最终完成其权能提升的内容市民化。因此，二者都是发达地区非农化乡村常住人口市民化的一般研究对象。

其他居民主要包括非农化乡村及其"村改居"社区常住人口中不属于农业转移人口的传统城镇社区居民和虽属于农业转移人口但已完成转移的本村回迁居民。传统城镇社区居民是指来自与常住地转型村（居）不同的传统城镇社区、在本村（居）居住或从事非农化就业的传统城镇社区城镇户籍居民；回迁居民是指本村（居）早年通过升学、招工、参军、提干等方式从村民变成居民，现在又回迁本村（居）居住或从事非农化就业的居民。二者的区别是：前者不属于农业转移人口，属于非转型居民，不需要进行市民化转型，可能是外来居民，也可能是本地居民；后者是曾经的农业转移人口，属于过去的转型居民，已经完成市民化转型，从回迁地角度看，他们不应称为"外来居民"，只能称为"本地居民"。这两类居民及每类居民中的不同个体对市民化的态度都有较大区别，说明对二者的研究也具有不同类型的难度。二者的联系是：他们或者一出生就已经是市民；或者即便最初也属于"农转非"居民，但已经接受过市民化的洗礼，与从未离开过乡村的"农转非"居民具有本质的不同，即都不属于还需要进行市民化转型的居民。但是，这两类居民的市民化认同及其"逆市民化"意愿等，也可以为比较观察转型村民、转型居民提供一个独到的视角。因此，二者也可以列为发达地区非农化乡村常住人口市民化的延伸研究对象。①

（四）形式市民化与内容市民化

本书所称的"发达地区非农化乡村常住人口市民化"，是指发达地

---

① 中共中央、国务院：《国家新型城镇化规划（2014—2020年）》，《农村工作通讯》2014年第6期，第32~48页。

区非农化乡村村民将乡村村民户籍转变为城镇居民户籍，并在基本权益、素质能力（简称"权能"）方面与城镇居民或市民大致相当。由于中国制度安排为"促进城乡融合"，"一开始就没有提城市化，而是提城镇化"①，在本书中，城镇居民的概念是与市民一致的概念，市民化就是城镇居民化。村民将乡村村民户籍转变为城镇居民户籍，是市民化的外在形式；村民在权能等方面与市民大致相当，是市民化的本质内容。本课题组认为，在新型城镇化道路上，应该形式市民化与内容市民化同步推进，理想境界是基本实现内容市民化后再实现形式市民化，进而全面完成内容市民化；过去已经先实现形式市民化的，要抓紧完成内容市民化。但是，无论是形式市民化还是内容市民化，都要从当前中国实际出发，不能以十全十美的指标体系、苛刻的条件、烦琐的程序，对国家、地方或村民本身求全责备。尤其不能对转型村民或转型居民的素质能力求全责备，以村民的短处对比市民的长处时，不要忘了村民的长处也可能是市民的短处。因为无论何人，素质能力的提升都需要一个长期的过程。②

（五）问卷样本描述

本书"导言"中所论及的研究方法，实际上已经总体反映了开展研究的资料数据来源。作为对"导言"研究方法或资料数据来源的补充，这里将问卷样本的总体情况以表2-2描述如下。问卷中的调研数据，大部分将在本书第四章、第五章、第六章结合新制度主义研究模型等进行现状分析。

---

① 习近平：《把乡村振兴战略作为新时代"三农"工作总抓手》，《当代党员》2019年13期，第4~6页。

② 本书对基本概念的界定，皆从本课题的特定语境出发，课题组无意把上述概念中的任何定义强加于他人。本书在引用相关文献时，也将一律尊重作者原意，绝不改变原作的概念提法；但读者需要用心体察，因为有时引证文献概念所在的语境与本书的语境有相似性，但也未必完全相同。

表 2 - 2 问卷调研样本的总体情况描述

单位：个，%，岁

变量	类别	样本数	均值/比例
户籍性质	外地乡村	902	22.14
	本地乡村	1267	31.10
	外地城镇	591	14.51
	本地城镇	1314	32.25
年龄	平均年龄（岁）	4074	30.31 最大值59、最小值18
性别	男	1680	41.24
	女	2394	58.76
婚姻状态	未婚	1256	30.83
	已婚	2711	66.54
	离异	80	1.96
	丧偶	27	0.66
受教育程度	初中及以下	424	10.41
	高中/中专	805	19.76
	大专及以上	2845	69.83
健康状况	非常不健康	22	0.54
	不太健康	68	1.67
	比较健康	765	18.78
	非常健康	3219	79.01
职业阶层	普通职业	2050	50.32
	中间阶层	736	18.07
	技术精英	1288	31.62
雇用状态	固定雇主雇员	2319	56.92
	无固定雇主雇员	439	10.78
	雇主	235	5.77
	自我经营	588	14.43
	务农	111	2.72
	无业/家务劳动	382	9.38
本地社保	没有	1070	26.26
	有	3004	73.74

第三章

制度变迁与市民化

雅各布斯指出："放眼今天的世界，要不是城市生产和转移了大量的商品和服务，农村的生产率一定会令人忧虑。最彻底的农业国家，农业生产率也最低。另一方面，城市化最彻底的国家，生产的食物一定最为充足。"① 从广义上说，非农化乡村常住人口市民化是一个与工业化、城镇化相伴随的话题和具有悠久历史的社会现象，自从有了城镇，就有了非农化乡村常住人口的市民化问题。但对于中国而言，在漫长的时间内农业在产业结构中占主导地位，农民是人口的主体，工业化、城镇化在中华人民共和国成立以前基本处于低水平发展阶段。中华人民共和国成立后，由于工业化、城镇化进程的推进，农业转移人口市民化的进程有所加快。但受制于严格的城乡二元分割户籍制度，这一阶段的农业转移人口市民化依然在较低水平徘徊。中国真正意义上的非农化乡村常住人口市民化制度安排，发端于改革开放之后。受制度安排及区位、人文等因素的影响，实行改革开放后东部沿海发达地区经济较快发展起来，其非农化乡村常住人口市民化进程加快推进，东部、中部、西部等不同区域出现不平衡发展的态势。在东部发达地区，"城中村""城郊村"受城镇的辐射影响更为强烈，其常住人口市民化不管在起步还是在发展程度方面都具有远郊村所不具备的优势。伴随着非农化乡村的形成与发

---

① 〔加〕简·雅各布斯：《城市经济》，项婷婷译，中信出版集团，2018，第6页。

展，他们有的完成了从乡村村民户籍到城镇居民户籍的变更，有的开始了从村民待遇向市民待遇的转换，有的实现了从乡村生活方式向城镇生活方式的转轨。回顾和梳理发达地区非农化乡村常住人口市民化制度变迁的历史进程，总结制度变迁所获得的显著成效，对于进一步建立健全制度安排，推进发达地区非农化乡村常住人口市民化进程大有启迪，对后发地区也有重要的引领作用。

一　市民化的制度变革历程

（一）自发性探索阶段（1978～1991年）

1978年12月18日，中共十一届三中全会在北京召开，这是中华人民共和国成立以来"具有深远意义的伟大转折，开启了改革开放和社会主义现代化的伟大征程"[①]。得益于这一伟大转折，东部沿海地区的经济社会制度和结构相应转型，城镇化速度加快，人口市民化进程也伴随着大规模农民背井离乡进城务工而步入了快速发展轨道。由于受城镇的辐射最为强烈，伴随着工业化的发展和外来人口的涌入，发达地区的"城中村""城郊村"推动当地产业结构从农业化向非农化转型，使本地村民启动"不离土不离乡"的就业模式，原地开启了市民化变革；外来村民则启动"离土又离乡"的就业模式，易地开启了市民化变革。这种变革带来宽松的政策环境，直接推动了农民和土地的关系脱钩，极大地释放了人口市民化的内在活力，为人口市民化的地方性、自发性探索提供了可能。

人口市民化首先是人口居住、生活、工作区域的城镇化。只有在空间意义上城镇化，才会有人口的市民化。改革开放以后沿海地区工业化迅速发展，对土地的需求急速增加，成为空间城镇化的重要推动力量。

[①]　习近平：《在庆祝改革开放40周年大会上的讲话》，《人民日报》2018年12月19日，第2版。

为适应工业化发展进程，沿海地区的许多地方先后在行政区划层面启动了撤县改区、撤县改市工作，在区域从乡村向城镇转换的同时，不断实现城镇化区域的扩容。比如在广东省的珠江三角洲地区，1979 年 1 月宝安县改为深圳市；1983 年、1985 年，中山、东莞先后由县改市。又如上海市，1981 年从上海县析出部分地区设立闵行区，从宝山县析出部分地区设立吴淞区；1984 年，长宁区、徐汇区、黄浦区、普陀区、虹口区和杨浦区等相继大幅扩容；1989 年川沙县杨思地区划入原南市区。再如浙江，1985 年 5 月开始撤县改市工作。继兰溪之后，余姚、丽水、临海、海宁、瑞安、萧山、江山、东阳、义乌、慈溪、奉化、黄岩、诸暨、龙泉、平湖等县在 1985 年至 1991 年间先后完成了撤县改市工作。

随着空间城镇化进程的不断推进，原来的乡村区域逐步被城镇所吞噬，转变为"城中村""城郊村"。在上海，以制造业为中心的郊区工业布局逐渐形成。到 20 世纪 90 年代初，上海郊区的地区生产总值超过了全市的 1/3。[1] 和原来以农业为主的产业结构不同，"城中村""城郊村"的产业结构出现了多元化发展趋向，特别是以"苏南模式"为代表的乡镇工业异军突起之后，农业日渐式微。随之而来的是农村集体土地被大量征用，集体资产大幅激增。"村落的终结必然伴随产权的变动和社会网络的重组。"[2] 为适应城镇化的发展，许多"城中村""城郊村"开始了从治理体制、治理机制到治理方式的转型探索。比如广州市天河区，1987 年选择登峰、杨箕[3]作为试点启动了集体经济产权制度改革，推行社区型股份合作制模式。到 1990 年，全区共有棠下、银河、沙东、寺右、农林等村的集体经济管理相继采取该体制。1991 年，广

---

① 王诗乐：《整体性治理视域下上海市"村改居"社区治理问题研究——以大型社区 H 为例》，硕士学位论文，华东师范大学，2019，第 37 页。
② 李培林：《村落的终结——羊城村的故事》，商务印书馆，2004，第 415 页。
③ 登峰街和杨箕村原属广州市天河区管辖，2005 年 6 月 7 日划归广州市越秀区。当时把生产性固定资产、现金和存款作为产权明晰的对象，土地、公益性资产和资源性资产都没有列入产权界定的范围。

州市天河区出台《关于推进和完善农村股份合作经济的意见》，在全区范围推行农村股份合作制改革。同期，深圳一些农村集体经济也进入了改革的轨道。其中，龙岗区横岗镇 1988 年下半年开始实行"自然村、行政村、镇"三级股份合作制的改革模式，并于 1989 年在各自然村推行。1990 年初，该镇的 9 个行政村均完成了股份合作制改革，同时成立了镇一级的集体企业——镇股份投资有限公司。①

产业结构、人口就业结构的非农化，行政区划从县到区（市）的转换，以及农村集体经济的股份制改造，发达地区非农化乡村本地村民市民化的条件越来越明显。外来村民工作、居住、生活在常住地，市民化也逐渐萌芽。但这一时期外来村民的市民化诉求是比较原始、低层次的，主要体现在医疗保障等权益争取方面。而这一时期发达地区非农化乡村常住人口市民化的重点在于本地村民，外来村民的市民化问题尚未引起政策层面的足够重视，从某种程度上说尚处于"政策空白期"。即便有零星的政策如 1984 年发布的《国务院关于农民进入集镇落户问题的通知》等，也仅限于自理口粮层次，关注的重点在他们进入城镇务工、经商、办服务业后，为他们买房、租房、合法利益保护提供方便。1985 年《公安部关于城镇暂住人口管理的暂行规定》颁布后实施的暂住证制度，则主要体现治安功能，其歧视色彩一度为社会所诟病，以致后来为居住证制度所取代。总体而言，这一阶段发达地区非农化乡村常住人口的市民化进程虽在一定程度上得到中央支持，但更具有强烈的基层自发性探索性质，本地村民和大规模的外来村民一道，打破了长期以来城乡人口结构相对静止的坚冰，中国人口结构变动步入了城镇人口增长、乡村人口减少的航道。

（二）政策性引领阶段（1992～2011 年）

1992 年初邓小平南方谈话之后，中国再掀起一波人口市民化浪潮。

---

① 深圳市龙岗区横岗镇党委、人民政府：《横岗镇实行三级股份合作制的调查》，《特区经济》1993 年第 1 期，第 30 页。

尤其是在东部沿海地区，受益于经济发展的内在驱动力，城镇的空间迅速扩张，一些"城郊村"日渐为城镇所"吞噬"。这些地区从基础设施建设，到经济产业结构发展，再到人们的就业结构和生活方式，都发生了巨大的改变。在这些地区，大量的农村剩余劳动力告别了传统第一产业的农业、林业、畜牧业、渔业等种养经济，属于第二、第三产业的工业、商贸服务业等非农经济逐步成为乡村集体经济的主体，"非农化乡村"日趋成型。

这一阶段，发达地区非农化乡村本地村民市民化进程进一步加快。比如在行政区划的城镇化方面，越来越多的行政区域进入撤县改区的轨道。1992 年，上海市撤销上海县，设立新的闵行区，嘉定、金山、松江、青浦、南汇、奉贤等相继改县设区；撤销川沙县，设立上海市浦东新区。同年，广东省的番禺、顺德、南海、新会等地也实现县改市。2001 年，广东省珠海市、中山市、顺德市①先后启动了"村改居"工作。2004 年，东莞市"村改居"工作实施方案出台，将居民户籍超过全村人口一半，或者全村人均耕地面积不足 0.12 亩，或者不从事农业生产村民超过 2/3，或者不以农业收入作为主要生活来源的村，纳入"村改居"改革的实施范围。同年在长安、虎门、常平、麻涌、塘厦、樟木头、大朗、石龙 8 个中心镇铺开"村改居"工作，其他镇可在符合条件并属于镇中心规划范围内的村里选择 1~2 个村作为试点。②

在行政区划城镇化的同时，广东等发达地区非农化乡村也启动了农村集体资产产权制度的改革。1992 年 6 月 18 日，深圳市颁发《关于深圳经济特区农村城市化的暂行规定》，正式开启了特区乡村的城镇化进程。几乎与此同时，深圳市罗湖区发布《罗湖区关于农村集体企业实行股份制改造若干问题的暂行规定的通知》，要求以农村原行政村及其

---

① 1999 年 7 月 27 日，在维持顺德市县级建制不变的前提下，除党委、纪检、监察、法院、检察院等系统和国家垂直管理部门仍维持现行管理权限由佛山市代管外，其他所有经济、社会、文化等方面的事务，赋予顺德市行使地级市的管理权限，并直接对省负责。2003 年 1 月 8 日，顺德并入佛山，撤县级市设佛山市顺德区。

② 《东莞全面启动"村改居"工作》，《华南新闻》2004 年 5 月 28 日，第 3 版。

村民为基础，将集体经济的合作社引入股份制创办的企业公司确定为股份合作制企业。在集体土地制度改革方面，广东省佛山市南海区的"南海模式"探索颇具影响。由于工业化和城镇化的兴起，土地集约化使用需求日趋加大。南海区实施《关于推行农村股份合作制的意见》，在全国率先启动集体土地所有权、经营权、使用权三权分离的股权制改革。① 农村集体经济组织股份合作制改革模式，随后为浙江杭州、宁波、绍兴等地所借鉴。② 其他如上海普陀区、闵行区等地部分"城中村""城郊村"也开始了集体资产产权制度改革的试验。随着市场经济的发展，集体资产产权制度改革过程中的一些弊端日渐凸显，如产权改革过于简单粗糙、法人治理结构不健全、分配收益过高等。深圳市龙岗区从 1997 年 3 月开始，以横岗镇的荷坳村为试点，对"横岗模式"进行改造，并探索出"龙岗模式"。③

在这一过程中，原来乡村一些未开发的土地被征为国有，农业用地转化为建设用地，原来纯农业化的产业结构也逐步实现了非农化的转换，城镇化不断从表层向纵深拓展，户籍改革口子越开越大，越来越多的农民"洗脚上田"摇身一变实现了"农转非"。如果说改革开放后至 1991 年发达地区非农化乡村常住人口市民化主要属于"地方探索"的话，那么这一时期则逐渐具有了较强的"国家改革"特征。中央和地方政府越来越多地肯定地方探索，出台了专门的指导文件，为发达地区非农化乡村常住人口市民化提供了重要制度指引。比如，2001 年国家"十五"规划提出实施促进城乡共同发展的城镇化战略，并出台《中共中央、国务院关于促进小城镇健康发展的若干意见》和《国民经济和社会发展第十个五年计划城镇化发展重点专项规划》；广东省《中共广

---

① 广东省佛山市南海区农业局：《南海区农村股份合作制改革纪实》，《农村经营管理》2003年第 4 期，第 32 页。

② 郑水明：《浙江农村社区股份合作制改革的发展特点和趋势》，《农村经营管理》2008 年第 11 期，第 42～44 页。

③ 罗必良等：《社区型股份合作制：改革面临创新——基于"龙岗模式"的理论与实证研究》，《华南农业大学学报》（社会科学版）2004 年第 4 期，第 1～10 页。

东省委、广东省人民政府关于调整我省村民委员会规模的通知》（2003年）、《广东省城镇化发展纲要》（2004 年）、《珠江三角洲城镇群协调发展规划（2004—2020）》（2005 年）、《广东省集体建设用地使用权流转管理办法》（2005 年）等制度安排相继出台。

在发达地区非农化乡村本地村民市民化进程进一步加快的同时，发达地区非农化乡村外来村民的市民化问题也日渐引起了政策层面的关注。国家层面尤其高度重视，相关政策相继出台。比如面对流动人口群体规模日趋扩大、利益诉求日渐多元化的实际，1995 年召开了首次全国流动人口管理工作会议，对流动人口管理问题进行了专题研究和部署。如图 3－1 所示，进入 21 世纪以后，随着劳务移民利益诉求引起的社会事件频发，劳务移民政策出台频率加大，其中 2003 年可谓爆发式增长，到 2006 年达到峰值。此后每年出台的关于劳务移民的政策都在40 份以上，每年的"中央一号文件"①，几乎都会涉及农民工问题。这些政策的出台，使外来村民在就业、教育培训、权益保护等方面的诉求得到进一步满足，为外来村民市民化提供了重要的引领和保障，进一步推动了发达地区常住人口的市民化进程。

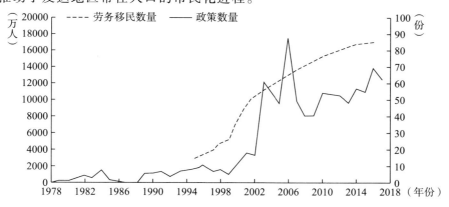

图 3－1　1978～2018 年劳务移民数量及政策数量年度分布

资料来源：徐增阳、付守芳《改革开放 40 年来农民工政策的范式转变——基于 985 份政策文献的量化分析》，《行政论坛》2019 年第 1 期，第 16 页。

①　中共中央每年发布的第一份文件。

（三） 内涵化发展阶段 （2012 年至今）

2012 年中共十八大的召开，是中国包括发达地区非农化乡村常住人口市民化在内的乡村城镇化在发展道路和发展模式上的新起点。《国家新型城镇化规划 （2014—2020 年）》明确了推进农业转移人口市民化的目标，并要求到 2020 年实现 1 亿左右农业转移人口和其他常住人口在城镇落户。[①] 2017 年召开的中共十九大，提出实施乡村振兴战略，给农村发展带来新的政策机遇。以人为核心的新型城镇化战略和乡村振兴战略的实施，无疑给发达地区非农化乡村常住人口市民化带来了巨大的契机。如果说以前的市民化模式主要关注行政区划、户籍制度、集体经济制度等外在形式意义市民化的话，那么 2012 年以后则是更多地聚焦人口福利待遇制度提升、生活方式变革、居住环境优化、治理制度创新等内涵意义的市民化，逐步实现了从以物为中心向以人为中心的市民化路径转轨。

伴随着这种转轨，更具普遍意义的人口聚落形态实现了从乡村化到城镇化的整体转型。其中，"村改居" 就是发达地区非农化乡村本地村民市民化最为典型的社区制度变革。2012 年以后，发达地区持续推进 "村改居" 进程。比如广东省中山市、佛山市南海区等，均完成了大批乡村的改制工作。由 "村" 到 "居" 的改变，是发达地区非农化乡村本地村民市民化的重要制度前提。随着 "村改居" 工作的纵深推进，发达地区非农化乡村常住人口市民化的内涵性制度化渠道不断拓宽，推动了非农化乡村由乡村到社区的制度转轨。

这一时期，中央和地方助推发达地区非农化乡村常住人口市民化进程的政策制度密集出台。比如在发达地区非农化乡村本地村民原地市民化方面，习近平总书记明确指出，市民化 "要优先解决存量、优先

---

① 中共中央、国务院：《国家新型城镇化规划 （2014—2020 年）》，《农村工作通讯》2014 年第 6 期，第 32 ~ 48 页。

解决本地人口"①；国家规划在强调市民化要以农业转移人口为重点的同时还要求兼顾"城区城郊农业人口"②。可见市民化对象不仅包括发达地区非农化乡村作为农业转移人口的绝大部分从事非农职业的本地村民，而且极个别仍在从事农业劳动的"城区城郊农业人口"也在市民化对象之列。正因为如此，"村改居"后需要全村本地村民全部转为本地居民，而不是让极个别从事农业劳动的本地村民继续保持村民身份。就广东而言，2012 年和 2013 年，广东省人大常委会分别修改《广东省股份合作企业条例》《广东省农村集体经济组织管理规定》等法律法规；2012 年，珠海市出台《珠海市社区股份合作公司规范和监管暂行办法》，顺德区实施《佛山市顺德区基本公共服务均等化与设施建设规划》；2013 年，深圳市出台《关于推进股份合作公司试点改革的指导意见》和《关于加强股份合作公司资金资产资源管理的意见（试行）》；2018 年，广东省实施《关于稳步推进农村集体产权制度改革的实施意见》。

外来村民易地市民化也已经被纳入各级党委政府的议事日程。"推进农业转移人口市民化"的表述，频繁见诸中共中央、国务院有关政策文件以及国家领导人的讲话中。这里的农业转移人口，是指由从事农、林、牧、渔等第一产业转向从事工业、商贸服务业等第二、第三产业的人口，既包括发达地区非农化乡村的本地村民，也理所当然地包括外来村民。从政策制度和领导人讲话的语境来看，农业转移人口主要包括以下两类：一是户籍在农村，但已经在城镇工作、生活的人口；二是户口已经迁到城镇，但市民化程度仍不够的人口。其中前者是政策制度关注的主体。从字面上理解，非农化乡村外来村民似乎不属于重点对象。其实不然。作为外来村民常住地的发达地区非农化乡村大都在城镇

---

① 习近平：《在中央城镇化工作会议上的讲话》，载中共中央文献研究室编《十八大以来重要文献选编》（上），中央文献出版社，2014，第 594 页。

② 中共中央、国务院：《国家新型城镇化规划（2014—2020 年）》，《农村工作通讯》2014 年第 6 期，第 32~48 页。

辖区之内，^① 外来村民大都已被作为外出农民工统计为城镇常住人口。因此，外来村民事实上均已经被视为在城镇工作、生活的人口而纳入政策所关注的主体对象。为加快推动农业转移人口市民化，一系列政策文件密集出台。如 2012 年召开的中共十八大对农业转移人口市民化问题进行了部署，并要求城镇基本公共服务要实现对常住人口的全覆盖。2013 年中共十八届三中全会提出，建立财政转移支付同农业转移人口市民化挂钩机制。2014 年《国务院关于进一步推进户籍制度改革的意见》出台，明确提出到 2020 年实现 1 亿左右农业转移人口和其他常住人口在城镇落户的目标。^② 2016 年 8 月，《国务院关于实施支持农业转移人口市民化若干财政政策的通知》发布，要求推动财政政策的系统性重构，在医疗、社保、就业以及子女教育等基本公共服务领域予以财政支持；9 月，国土资源部等部委联合印发《关于建立城镇建设用地增加规模同吸纳农业转移人口落户数量挂钩机制的实施意见》，提出到 2018 年基本建立人地挂钩机制，到 2020 年全面建立科学合理的人地挂钩机制政策体系。2016 年 11 月，财政部印发《中央财政农业转移人口市民化奖励资金管理办法》，要求中央和各级财政根据农业转移人口实际进城落户情况，安排财政资金用于提供农业转移人口基本公共服务。为进一步支持农业转移人口市民化，2019 年财政部下达农业转移人口市民化奖励资金 300 亿元，^③ 用于保障农业转移人口的基本公共服务需求。在一系列政策制度措施的推动下，这一时期发达地区非农化乡村常住人口市民化程度大幅提升，以人为核心的市民化范式逐渐形成。

---

① 现在发达地区省（市）管辖非农化乡村的上级建制已普遍为镇、街道建制，很少有乡建制。
② 《国务院关于进一步推进户籍制度改革的意见》，《城市规划通讯》2014 年第 15 期，第 1～3 页。
③ 曲哲涵：《中央财政下达 300 亿元　支持农业转移人口市民化》，《人民日报》2019 年 8 月 29 日，第 1 版。

二　制度变革中的市民化实践

（一）　市民化的制度性通道不断拓宽

改革开放以来，中国发达地区非农化乡村常住人口市民化发展经历了一个从自发探索到政策引领再到内涵化的过程。在这一过程中，中国人口市民化的制度安排不断建立健全，人们市民化的意愿不断增强，公共服务的覆盖面不断扩大，市民化群体不管从人口规模还是质量上看都有了前所未有的进步。

政策制度是中国人口市民化的"开路先锋"。只有在政策制度允许的前提下，中国农业转移人口市民化才松开"口子"。一般情况下，政策制度开拓的空间越大，中国农业转移人口市民化的程度也会越高。改革开放特别是进入 21 世纪以来，中国农业转移人口市民化的制度性通道不断拓宽。从制度性通道拓宽意义上来看，近些年国务院先后印发《国务院关于进一步推进户籍制度改革的意见》《居住证暂行条例》《国务院关于支持农业转移人口市民化若干财政政策的意见》等一系列相关主体性政策制度，有关部门印发《关于建立城镇建设用地增加规模同吸纳农业转移人口落户数量挂钩机制的实施意见》《中央财政农业转移人口市民化奖励资金管理办法》等一系列配套性制度措施，农业人口非农化转换的制度桎梏日渐瓦解。加上土地制度改革的不断推进，农村土地所有权、承包权、经营权的"三权分置"，以及农村土地征收、集体经营性建设用地入市和宅基地制度改革试点的推行，对消除农业转移人口的"土地福利依恋"① 极为有利。这些制度的变革，不仅大大降低了农业转移人口市民化的门槛，而且对于强化他们落户城镇的意愿也产生了十分积极的作用。

---

① 本课题组问卷调查结果显示，高达 37.02% 的乡村户籍人口明确表示不愿意入户城镇。对于原因，"为了保留乡村土地和宅基地"和"为了集体分红"的占比分别为 55.44%、44.78%。访谈中也发现，不少人对农村土地经济福利存在深深的依恋。

（二）常住人口城镇化率显著提高

经过四十多年的发展，中国的城镇化水平不断提升。特别是户籍制度改革的持续深化以及一系列相关政策制度的出台，使越来越多的农业转移人口进入城镇务工、经商或从事相关服务业。不管是户籍人口城镇化率，抑或常住人口城镇化率，相比过去都有了很大程度的提升。在改革开放之初的 1978 年，中国城镇化率仅为 17.92%[①]；到 2019 年末，中国户籍人口城镇化率达 44.38%，常住人口城镇化率达 60.60%[②]。当然，统计学意义上的户籍人口城镇化率和常住人口城镇化率，并不能简单地理解为人口的市民化水平，但户籍人口城镇化率、常住人口城镇化率的提高，无疑是人口市民化水平提升的一个侧影。对于发达地区非农化乡村而言，不管是本地村民和外来村民将户籍迁入城镇，还是本地村民和外来村民在当地享受更多的基本公共服务，都是市民化水平提升的衡量要素。虽然下文将揭示发达地区非农化乡村常住人口不同程度存在"半市民化"等问题，但这些都无法"遮盖"发达地区非农化乡村常住人口市民化的成就。

（三）内涵式市民化水平提升较为明显

事实上，从本课题组问卷调研、座谈调研、半结构性访谈和实地考察调研的结果来看，发达地区非农化乡村不仅形式意义的市民化水平有所提升，内涵意义的市民化也体现得较为明显。伴随着中国发达地区非农化乡村在市政设施建设、基层组织运行、集体土地处置、集体资产管理的现代化转换，非农化乡村常住人口从职业就业特征到生活消费方式，乃至心理和角色认同，都在很大程度上步入了从乡村村民向城镇居民的转换轨道。比如在环境空间方面，随着乡村振兴战略的推进，道路

---

① 陈炜伟：《我国城镇化水平显著提高》，《人民日报》2018 年 9 月 11 日，第 4 版。
② 国家统计局：《中华人民共和国 2019 年国民经济和社会发展统计公报》，《人民日报》2020 年 2 月 29 日，第 5 版。

泥泞、垃圾遍地、杂草乱生、河涌腥臭等脏乱差的景象已成为历史，马路宽敞干净、环境整洁有序、河涌水清鱼游、公园众人休憩等已成为发达地区非农化乡村一道道美丽的风景线。这样一种环境空间形态，即便城镇也难以媲美。在人口的职业形态方面，第二、第三产业已经取代第一产业成为人们的就业领域。许多人和城镇户籍工人一样，也过上了朝九晚五的规律生活，按月领取工资、参加社会保险、享受有关福利。调研中发现，很多人认为自己和城镇居民在就业形态上已没有太大的区别。不少本地村民从祖辈、父辈从事的"种地"转而从事"种楼"①，非农化经济收入已成为发达地区非农化乡村常住人口的主要收入。在生活方式方面，调研发现，发达地区非农化乡村常住人口的日常生活和消费与城镇户籍人口已存在较大的趋同性。比如他们在业余时间也热衷于参加志愿服务活动，"五一"劳动节、"十一"国庆节等假日黄金周也喜欢举家外出休闲旅游。虽然发达地区非农化乡村本身可能缺乏大型、高档的消费综合体，但由于距离城镇中心城区较近，多元化消费也毫无难度。从调研中发现的种种情况来看，发达地区非农化乡村常住人口和城镇居民在就业、生活、消费等方面的差距正不断缩小，内涵式市民化水平得到较大提升。

三 制度变革带来的启示

（一）坚持解放思想和实事求是相结合

改革开放以来中国人口市民化的发展进程虽然起点较低，但速度较快。即便过程有时会有一些苦难和波折，但从现在来看，不管是户籍人口城镇化水平还是常住人口城镇化水平，都值得称道。这一成功实践，为新时代进一步完善制度安排，加快推进中国人口的市民化进程提供了

---

① "种楼"（也称"种房子"）是对发达地区非农化乡村的人们建房子并将其出租的一种戏称。

宝贵的启迪。

坚持解放思想和实事求是相结合，是中国革命、建设以及改革开放成功的基本经验，也是发达地区非农化乡村常住人口市民化取得显著成效的重要经验。中国改革开放以来的人口市民化，不管从市民化广度看，还是从市民化深度看，在人类发展历史上都是一个前所未有的大变革。之所以取得显著成效，首先在于能够坚持解放思想和实事求是相结合。

改革开放以来，中国大胆突破传统计划经济体制下"人地一致"把农民束缚在土地上的传统做法，积极借鉴世界各国人口市民化的经验教训，结合中国实际开拓创新，走出了一条具有中国特色的人口市民化道路。一方面，善于学习借鉴西方发达国家人口市民化的基本经验。在西方发达国家人口市民化进程中，产生了许多不同的市民化方式和经验。其中，英国最初经过以圈地运动剥夺农民土地的市民化路径后，逐渐探索出发挥工业的人口集聚效应带动人口市民化的模式；美国通过国家政策的带动，引导人口向郊区转移，在郊区实现人口市民化；日本注重城镇规划，以工业化带动走出一条高效集约的人口市民化道路；新加坡作为城市国家，着眼建设美丽宜居城市和完备公共服务体系推进人口市民化。另一方面，善于汲取以拉美国家为代表的过度市民化教训。在一部分国家取得一定成功经验的同时，也有另一部分国家在人口市民化进程中留下了惨痛的教训，其中以拉美国家为代表。这些国家迫切希望摆脱长期被殖民造成的落后境况，片面地把工业化理解为城镇化，把城镇化理解为人口市民化，造成城镇人口激增，公共服务供给严重不足，农业农村衰败凋敝，粮食供应出现危机，并且在城镇周边形成了大量的"贫民窟"。

人口市民化有基本的规律，但不同的时期、不同的国家、不同的地区也具有不同的特点。不同国家历史文化传统、经济发展水平不同，决定了人口市民化不可能有"放之四海而皆准"的教条化经验。任何一个国家成功的市民化道路，都是遵循基本规律和结合本国本地实际创新发展的结果。如果照搬照抄，可能会导致灾难性后果。中国人口众多，农村人口占比较高，同时不少城镇公共服务基础尚不够扎实，许多城镇的人口承载能力还比较弱，如果不注重实际情况简单地把乡村人口大规模转移到城镇，可能会重蹈拉美国家人口市民化的覆辙。这就应在借鉴已有经验教训基础上，立足本国实际，并结合中国区域发展不平衡的特点，因地制宜、有条不紊地推进人口市民化进程。

（二）坚持顶层设计和基层创新相结合

改革开放带来的是一场深刻的社会变革，不仅仅是发展范式的系统持续。改革开放以来中国发达地区非农化乡村常住人口市民化之所以取得显著成就，原因是多方面的。其中，坚持科学的顶层设计和鼓励基层创新是十分重要的因素。一方面，顺应形势发展加大政策创新力度，发挥政策对人口市民化的引领功能；另一方面，注重政策规定求真务实，允许不同地方根据具体实际开展具有本地特色的自主化探索。

在顶层设计方面，中国1982年至1986年连续五年以农业、农村、农民问题作为"中央一号文件"关注的主题。2004年以来，每年"中央一号文件"的主题依然是农业、农村、农民问题。早期的"中央一号文件"虽然没有直接涉及人口市民化问题，但加快了农村改革和农业发展，直接诱发了农村人口市民化的原始冲动。自2004年"中央一号文件"开始，大多数文件都对进城就业人员市民化问题予以高度关注。比如2004年"中央一号文件"——《中共中央、国务院关于促进农民增加收入若干政策的意见》就明确提出"保障进城就业农民的合法权益"，并要求"及时兑现进城就业农民工资、改善劳动条件、解决子女入学等问题""推进大中城市户籍制度改革，放宽农民进城就业和定居的条件"[①]。除"中央一号文件"以外，近年来户籍制度改革、基本公共服务均等化、加大财政资金转移支付等相关政策制度相继出台。这些政策制度，不管是对于发达地区非农化乡村而言，还是对于整个中

---

① 中共中央文献研究室编《十六大以来重要文献选编》（上），中央文献出版社，2005，第676页。

国而言，都为农业转移人口市民化铺垫了制度化道路。在基层创新方面，早在改革开放之初，发达地区的一些"城中村""城郊村"，就伴随着城镇和工业化辐射的逐步增强而开启了本地村民的原地市民化进程。不管是行政区划方面的"乡改镇""县改区（市）"，还是村域层面的"村改居"以及农村集体资产产权制度改革，如广东省广州市天河区集体经济制度改革的社区型股份合作制模式、广东省深圳市龙岗区横岗镇的"自然村、行政村、镇"三级股份合作制模式等，都是积极有益的人口市民化制度的基层探索。而在人口市民化本身，除大量外来农业转移人口进入不同城镇因户籍门槛、公共服务等市民化要件差异而产生的"伪市民化""半市民化""市民化"① 等不同形态的易地市民化模式以外，20 世纪 80 年代苏州南部乡村小城镇化后形成的原地市民化模式也颇具典型意义。本课题组通过对上海、广东、江苏、浙江等地的实地调研也发现，发达地区非农化乡村常住人口原地市民化的情况也较为普遍。

从马克思主义哲学的角度看，理论来源于实践，又对实践产生反作用。中国改革开放的历程，充分体现了对这一哲学思维的生动运用。在改革开放过程中，许多地方依靠人民群众、尊重群众首创精神，"摸着石头过河"②，探索出许多多姿多彩的地方性经验。这些地方性经验经过一定的吸纳机制，上升为全国性的政策制度，进而推动更广泛和深刻意义上的实践创新。正如邓小平 1978 年 12 月在中央工作会议闭幕会上强调的那样："在全国的统一方案拿出来以前，可以先从局部做起，从一个地区、一个行业做起，逐步推开。中央各部门要允许和鼓励它们进行这种试验。"③ 对于推进发达地区非农化乡村常住人口市民化而言，

---

① 杨菊华：《农业转移人口市民化的维度建构与模式探讨》，《江苏行政学院学报》2018 年第 4 期，第 78 页。
② 陈云：《经济形势与经验教训》，载中共中央文献编辑委员会编《陈云文选》第 3 卷，人民出版社，1995，第 279 页。
③ 邓小平：《解放思想，实事求是，团结一致向前看》，载中共中央文献编辑委员会编《邓小平文选》第 2 卷，人民出版社，1994，第 150 页。

也应坚持顶层设计和基层创新相结合的基本原则，在宏观政策层面释放更大的政策空间的同时，鼓励非农化乡村从基层实际出发探索适合自身的市民化道路。

（三）坚持系统推进和分类指导相结合

改革开放以来中国发达地区非农化乡村常住人口市民化取得显著成就的实践表明，应当在坚持系统推进的同时，注重分类指导，根据不同地区、不同类型的城镇差异，因地制宜地推进人口市民化进程。

在坚持系统推进方面，近年来中央在整体层面对人口市民化进行了科学谋划，做出了许多系统性部署。比如 2014 年 7 月出台的《国务院关于进一步推进户籍制度改革的意见》，提出取消农业户口与非农业户口性质之分、统一登记为居民户口，进一步瓦解了人口市民化的户籍樊篱。《国家新型城镇化规划（2014—2020 年）》则进一步明确了现阶段人口市民化的目标和方式。其中，强调把人的城镇化作为新型城镇化的核心。在注重分类指导方面，中央对于不同地区、不同城镇、不同群体的市民化问题予以了充分考虑；在推进人口市民化的原则上，明确界定了"尊重意愿、自主选择，因地制宜、分步推进，存量优先、带动增量"的要求；在不同群体的市民化策略方面，明确"以农业转移人口为重点，兼顾高校和职业技术院校毕业生、城镇间异地就业人员和城区城郊农业人口"；在不同类型城镇的人口市民化门槛方面，要求"全面放开建制镇和小城市落户限制，有序放开城区人口 50 万—100 万的城市落户限制，合理放开城区人口 100 万—300 万的大城市落户限制，合理确定城区人口 300 万—500 万的大城市落户条件，严格控制城区人口 500 万以上的特大城市人口规模"[①]。此外，中央关于推进财政转移支付同农业转移人口市民化挂钩、推动财政政策的系统性重构、建立城镇建设用地增加规模同吸纳农业转移人口落户数量挂钩、实施农业转移人口

---

① 中共中央、国务院：《国家新型城镇化规划（2014—2020 年）》，《农村工作通讯》2014年第 6 期，第 32～48 页。

市民化奖励机制等一系列配套政策措施的出台，都是系统推进人口市民化的重要体现。

人口市民化作为一项系统性工程，涉及户籍制度改革、财政制度改革、土地制度改革、公共服务体制改革等方方面面。人口市民化和这些政策制度之间的关联性很强，人口市民化进程推进的每一步，都涉及相关政策制度的调整；这些政策制度的创新，都会对人口市民化产生重大影响，需要从中央层面统筹起来整体考虑和系统设计。但在具体的推进方式上，由于中国幅员辽阔，即便在同一省（区、市）内，不同规模城镇之间在经济发展水平、历史人文传统等方面也存在较大差异，在标准要求上不能简单地采用"一刀切""一锅煮"的方式，在发展水平和进度上，也不适宜整体划一、齐头并进，而应从实际出发，坚持分类指导、因地制宜、有序推进。

第四章

市民身份认同的分化

前文对发达地区非农化乡村市民化制度变迁的回顾表明，中国农业转移人口市民化的制度性通道不断拓宽，户籍人口市民化比例和常住人口市民化比例皆不断提升。但从历史进程看，改革开放以来中国大规模的人口迁移导致常住人口城镇化率与户籍人口城镇化率并不同步。为提高户籍人口的城镇化水平，2014 年 7 月，《国务院关于进一步推进户籍制度改革的意见》正式发布，该文件提出"落实放宽户口迁移政策""统筹户籍制度改革和相关经济社会领域改革""合理引导农业人口有序向城镇转移""有序推进农业转移人口市民化"等目标，并且提出建立城乡统一的户口登记制度，取消了农业户口与非农业户口性质之间的区分。① 现在，各省（区、市）已普遍取消户口性质的区分，统一登记为城乡居民户口，多地乡村村民通过政策调整似乎瞬间实现了"户口城镇化"。但农业转移人口市民化的完成并不等于地理空间的城镇化和代表制度性身份的户口的转变，形式上取消城乡户籍之分并不能改变农民市民化不足的状况。② 农业转移人口市民化的完成是一个综合的过程，必须在经济、行为、心理和身份认同等多重意义上实现深层次的社

---

① 《国务院关于进一步推进户籍制度改革的意见》，《城市规划通讯》2014 年第 15 期，第 1～3 页。

② 李斌、张贵生：《农业转移人口身份认同的分化逻辑》，《社会学研究》2019 年第 3 期，第 146～169 页。

会融合，唯有如此，才可能实现真正的市民化。① 身份认同是社会融合的主要维度，长期以来在移民研究中也是重要议题之一，移民对新社会身份的认同成为衡量个体社会融入的标志。

在发达地区非农化乡村及其"村改居"社区，无论转型村民还是转型居民，都是尚未完成市民化转型的农业转移人口。相比于政策调整和"村改居"带来的户籍身份的转变，农业转移人口如何在心理层面形成对城镇的归属感、适应心理层面的社会角色转变，才是当务之急，也是理解中国农业转移人口市民化不可或缺的视角。因此，探究不同类型农业转移人口身份认同的差异以及这种认同差异受何种因素的影响，有助于人们加深对发达地区非农化乡村常住人口市民化和新型城镇化的理解。为更好地回答以上问题，这里以 2018~2019 年本课题组所收集的发达地区非农化乡村常住人口市民化调查数据资料为基础，系统考察制度环境、社会关系网络、利益关系以及个体市场能力对农业转移人口城镇居民身份认同的影响，并对其作用机制进行简要解释。这里的研究结论不仅能为政府部门制定相关政策提供经验证据，还能为推动农业转移人口的市民化进程、实现新型城镇化战略提供决策参考。

一 制度环境与身份认同

（一）制度性身份：户籍属性与身份认同

农村转移人口在市民化过程中涉及多重身份的认同与转换，以新移民（农民工）为例，有学者指出新移民的身份认同包括文化身份认同、地域身份认同、群体身份认同、地位认同和职业认同五大类，前三者存在很强的一致性，并且可以按照"城里人—乡下人"的身份进行

---

① 陈云松、张翼：《城镇化的不平等效应与社会融合》，《中国社会科学》2015 年第 6 期，第 78~95 页。

划分。① 本书借用"市民—村民"的身份划分方式，建立"市民—村
民"二元方式划分身份认同。"市民—村民"身份划分方式涉及公民个
体对地域身份、文化身份以及群体身份的综合感知。本书利用"您认
为自己是一个城里人还是乡下人"这一问题来测量市民化身份认同，
下设市民与村民两大类别。

根据问卷调查结果制作的表 4 - 1，显示了珠江三角洲不同户籍样
本在常住地的身份认同类型比例。四类群体在市民化认同上存在显著差
异。总体上，外来村民认为自己是城里人（市民）的占比为 11.75%，
小于本地村民的市民认同（26.12%）；外来居民认同自己是市民的占
64.47%，本地居民认同自己是市民的占 80.97%。同时，参照李斌、张
贵生的做法，基于本地居民非农户口获得途径的不同，进一步区分出政
策性"农转非"（随父母或子女转、家里土地被征收、"村改居"、户口
改革）居民和自致性"农转非"（升学、参军、招工、提干或转干、购
买户口、买房入户、积分入户）居民，其中户口获得方式属于政策
性的居民市民认同比例为 85.92%，属于自致性获得城镇户籍的居民
市民认同比例为 78.16%，这一数据结果说明国家强制性或政策性的
"农转非"并不能提升居民的市民身份认同，这与李斌、张贵生的发现
一样。②

表 4 - 1 珠江三角洲不同户籍样本在常住地的身份认同类型比例

身份认同	外地乡村	本地乡村	外地城镇	本地城镇			合计
				总体样本	政策性	自致性	
乡下人（村民）	796（88.25%）	936（73.88%）	210（35.53%）	250（19.03%）	67（14.08%）	183（21.84%）	2192（53.80%）

① 张文宏、雷开春：《城市新移民社会认同的结构模型》，《社会学研究》2009 年第 4 期，第 61～87 页。
② 李斌、张贵生基于 CGSS2013 年数据发现，个体自主努力获得非农户籍行为比国家强制性的"农转非"政策更能提升城里人认同。李斌、张贵生：《农业转移人口身份认同的分化逻辑》，《社会学研究》2019 年第 3 期，第 146～169 页。

身份认同	外地乡村	本地乡村	外地城镇	本地城镇			合计
				总体样本	政策性	自致性	
城里人 （市民）	106 （11.75%）	331 （26.12%）	381 （64.47%）	1064 （80.97%）	409 （85.92%）	655 （78.16%）	1882 （46.20%）
合计	902 （100%）	1267 （100%）	591 （100%）	1314 （100%）	476 （100%）	838 （100%）	4074 （100%）

注：表格中括号外数据为频数。括号内数据为频数百分比。下同。另表格中的身份认同包括乡下人，即村民，城里人，即市民。为免文烦，后表不再一一括注。户籍属性与身份认同的卡方检验值 $\chi^2 = 1200$，显著性水平 $p < 0.001$；不同类型"农转非"与身份认同的卡方检验值 $\chi^2 = 5.3817$，显著性水平 $p < 0.05$。

（二）社会福利：社会保险、居住环境与身份认同

早期的大量研究都指出城乡户籍之间、发达地区与欠发达地区之间在公共服务供给以及服务均等化上存在较大差异，这种公共福利上的不平等强化了城乡户籍人口各自的身份认同。例如陈映芳在 2005 年针对当时户籍制度的研究指出，乡城移民在城市遭遇的来自制度、社会、文化的偏见和歧视会促进乡城移民接受"农民工"这一身份认同。[1] 朱妍、李煜指出新生代农民工面临"双重脱嵌"的困境：新生代农民工在城市上存在"制度脱嵌"，游离于城市社会福利制度体系之外，表现为他们的社会保障、公共服务、福利水平低下，政府新推出的统筹城乡福利保障待遇的政策亦存在在具体落实中遇冷的情况；居住的边缘化及隔离化严重；通过行政渠道获取就业信息、找到工作的比例很低；政治权利仍然处于"悬空"状态；对政府提供保障和服务的制度存在一定的心理隔阂。[2] 近年来随着新型城镇化建设的落实，"城乡一体化"的持续推进降低了城乡之间的区隔效应，诸多公共福利政策已经或正在突

---

[1] 陈映芳：《"农民工"：制度安排与身份认同》，《社会学研究》2005 年第 3 期，第 119 ~ 132 页。

[2] 朱妍、李煜：《"双重脱嵌"：农民工代际分化的政治经济学分析》，《社会科学》2013 年第 11 期，第 66 ~ 75 页。

破二元城乡体制的限制。① 而不利的社会制度、社会结构将对村民在转型过程中的社会经济适应造成负向影响，从而产生对新身份认同的焦虑。如实证结果表明，没有社会保险的农民工和居住社区更差的农民工城市认同度低，相反则更可能形成城市认同。②

作为流动人口流入大省，广东省自 2010 年 1 月 1 日起实施《广东省流动人口服务管理条例》，明确广东省流动人口服务管理实行居住登记和居住证制度，全面取代了暂住证制度。这一条例的实施规定了持证人享受基本公共服务和便利的权利。2015 年，国务院发布《居住证暂行条例》。2017 年广东省新修订的《广东省流动人口服务管理条例》出台，率先在全国实施以居住证为核心的流动人口一证通制度。广东省居住证是持证人在广东省行政区域内居住地居住、作为常住人口享受基本公共服务和便利、申请登记常住户口的证明。尽管政府极力推进常住人口基本公共服务均等化工作，但问卷调查数据发现，如表 4 - 2 所示，不同户籍属性常住人口拥有本地社保的比例存在显著差异，表现为常住人口中的外来村民参保比例最低，只有 57.54%；而户籍属性为本地乡村和本地城镇的常住人口社保参与比例相对较高。

表 4 - 2　不同户籍属性常住人口参与社会保障的比例

户籍属性	没有本地社保	有本地社保	合计	差异性检验
外地乡村	383（42.46%）	519（57.54%）	902（100%）	$\chi^2 = 259.9836$，$p < 0.001$，显著
本地乡村	316（24.94%）	951（75.06%）	1267（100%）	
外地城镇	200（33.84%）	391（66.16%）	591（100%）	
本地城镇	171（13.01%）	1143（86.99%）	1314（100%）	
合计	1070（26.26%）	3004（73.34%）	4074（100%）	

① 余佶、余佳：《城镇化进程中的城乡基本公共服务均等化——基于供需视角的分析框架及其路径选择》，《华东师范大学学报》（哲学社会科学版）2014 年第 1 期，第 101～106 页。
② 褚荣伟、熊易寒、邹怡：《农民工社会认同的决定因素研究：基于上海的实证分析》，《社会》2014 年第 4 期，第 25～48 页；崔岩：《流动人口心理层面的社会融入和身份认同问题研究》，《社会学研究》2012 年第 5 期，第 141～160 页。

问卷调研发现，在外来常住人口中，只有 68.12% 的人办理了居住证，有接近 1/3 的人没有办理居住证或不清楚有没有办理。外来常住人口没有办理居住证则可能导致他们难以享受本地的基本公共服务，从而被排斥在福利制度之外。基于对问卷调查数据的分析，如表 4-3 所示，是否有本地社保、是否有居住证与市民身份认同有显著的相关关系。总体而言，有本地社保的常住人口对市民身份的认同比例（50.57%）要高于没有本地社保的常住人口（33.93%）16.64 个百分点；外来常住人口中，有居住证的常住人口认同自己是市民的比例为 34.61%，高于没有居住证的常住人口（28.36%）6.25 个百分点。由此可以推测，社会保障制度有助于提高发达地区乡村常住人口的市民身份认同；居住证制度亦有助于提高外来常住人口的市民身份认同。

表 4-3　常住人口本地社保、居住证与身份认同差异

变量	类别	城里人	乡下人	合计	差异性检验
本地社保	没有	363（33.93%）	707（66.07%）	1070（100%）	$\chi^2 = 87.8995$，$p = 0.001$，显著
	有	1519（50.57%）	1485（49.43%）	3004（100%）	
	合计	1882（46.2%）	2192（53.8%）	4074（100%）	
居住证	没有	135（28.36%）	341（71.64%）	476（100%）	$\chi^2 = 5.7631$，$p = 0.05$，显著
	有	352（34.61%）	665（65.39%）	1017（100%）	
	合计	487（32.62%）	1006（67.38%）	1493（100%）	

二　非农化乡村与身份认同

（一）社会关系网络与身份认同

市民化不仅仅是农业转移人口所居住地理空间的转变，同时也是社会关系的转型。市民化的进程往往伴随着社会关系网络的断裂与重组。在关于移民的研究中，学者们就注意到出发地和目的地社区的社会网络关系对移民的作用，包括帮助移民找工作、信息交流、社会经济文化适

应等。① 在发达地区非农化乡村常住人口市民化进程中，无论是外来村民、本地村民，还是"农转非"居民，逐步从传统的乡村社会过渡到现代城镇社会，社会关系网络都将会从乡村的熟人社会进入城镇异质性社会，从初级群体发展到以现代职业分工为主的都市关系网络。社会关系网络的转型，必然会影响到他们对自身身份归属的重新认识。一般来说，个体在常住地的社会网络、社会关系越多，他们能够获得的社会支持（包括情感性支持、经济支持、重要事情的决策支持等）也就越多，这种社会支持有利于个体在转型中更好地达成目标、适应社会。例如基于农民工的研究发现，农民工的社会关系网络越好越有利于他们融入城市，改变身份认同。②

根据问卷调查数据，如表 4-4 所示，总体而言，发达地区非农化乡村常住人口在本地熟人、朋友数量与城市认同并不存在显著的关系，但与在本地安家的亲戚、家人数量有紧密联系：数量很少的市民身份认同较低，为 45.51%；数量较多或很多的市民身份认同也低。其原因可能是亲戚、家人安家数量很少的主要是外来农业转移人口，安家数量较多和很多的主要是本地人口，而本地人口的市民化认同并不高。发达地区常住人口在常住地的互动越多、对邻里越是熟悉，越是倾向于认同市民身份。对于外来常住人口而言，非工作时间在本地的主要社会交往对象是同乡的，市民身份认同度最低，只有 27.78%；以与本地人交往为主的，市民身份认同最高，为 45.50%，以与其他外地人交往为主的，市民身份认同为 30.49%。其原因在于如果外来人口的社会关系网络仅局限于老乡这一内群体，则难以融入城镇，进而对城镇的认同度也降

---

① M. J. Greenwood, "A Regression Analysis of Migration to Urban Areas of a Less-developed Country The Case of India," *Journal of Regional Science*, 1971, 11 (2): 253-262; D. S. Massey, R. Alarcon, J. Durand, et al., *Return to Aztlan: The Social Process of International Migration from Western Mexico*, Berkeley: University of California Press, 1987: 71-72.

② 王桂新、武俊奎:《城市农民工与本地居民社会距离影响因素分析——以上海为例》,《社会学研究》2011 年第 2 期, 第 28~47 页。

低。既有的一些经验研究结果也证明了这一结论，例如有学者证实农民工如果与城市居民有社会交往，则更倾向于认同城市市民身份，心理上的社会融入也更高。[①]

表4-4　常住人口社会关系网络与身份认同

单位：%

变量	类别	城里人	乡下人	合计	差异性检验
本地熟人、朋友数量	很少	45.21	54.79	100	$\chi^2 = 1.8875$，$p = 0.756$，不显著
	较少	47.12	52.88	100	
	中等	46.33	53.67	100	
	较多	47.38	52.62	100	
	很多	48.56	51.44	100	
	合计	46.20	53.80	100	
在本地安家的亲戚、家人数量	很少	45.51	54.49	100	$\chi^2 = 14.1238$，$p < 0.01$，显著
	较少	50.06	49.94	100	
	中等	50.00	50.00	100	
	较多	39.36	60.64	100	
	很多	44.16	55.84	100	
	合计	46.20	53.80	100	
本地邻里熟悉程度	不太熟悉	41.40	58.60	100	$\chi^2 = 49.2716$，$p < 0.001$，显著
	一般熟悉	42.53	57.47	100	
	比较熟悉	53.47	46.53	100	
	合计	46.20	53.80	100	
日常社会交往（外来常住人口）	同乡	27.78	72.22	100	$\chi^2 = 37.3762$，$p < 0.001$，显著
	本地人	45.50	54.50	100	
	其他外地人	30.49	69.51	100	
	很少与人来往	28.02	71.98	100	
	合计	32.62	67.38	100	

[①]　潘泽泉、何倩：《居住空间、社会交往和主观地位认知：农民工身份认同研究》，《湖南社会科学》2017年第1期，第80~87页。

（二）利益关系与身份认同

发达地区非农化乡村与常住人口息息相关的利益关系是迁移行为发生的重要原因，也是公共参与的动力。根据利益关联理论，非农化乡村集体利益的存在会强化非农化乡村内部常住人口的身份认同。在市民化进程中，由于中国特定户籍制度和产权制度的存在，发达地区非农化乡村的工业化和城镇化，并不必然导致农业转移人口的市民化，至少在心理认同层面，仍可能坚持其原有的乡土身份认同。一些研究已经表明，工业化过程中会形成富裕村庄，村集体经济的存在会使得村集体靠出租厂房、家庭靠出租民房收租金，形成"食租阶层"[1]；城镇化进程中乡村土地不断增值，级差地租不断延伸[2]，村民力图实现利益最大化，会出现村民"不愿意市民化"等现象[3]。由于在变迁中形成的巨大的以村庄为边界的资源和利益，本地村民保留着乡土社会生活秩序与原则[4]；土地和房屋租金收益的刺激以及村庄集体经济的存在，使"村籍"比"户籍"重要，本地农业转移人口宁为"村民"而非"市民"，最终导致"村落终结"艰难[5]。从问卷调查数据看，如表4-5所示，总体上也表现出类似的趋势：本地村民在村庄的利益越多，越是不认同市民身份。有宅基地的本地村民，认同市民身份的比例为22.90%，而没有宅基地的则为31.39%。有土地和没有土地的村民则在市民身份认同上并不存在显著差异。村集体分红的多少与市民身份认同显著相关，一年分

① 周大鸣：《外来工与"二元社区"——珠江三角洲的考察》，《中山大学学报》（社会科学版）2000年第2期，第107~112页；周大鸣、高崇：《城乡结合部社区的研究——广州南景村50年的变迁》，《社会学研究》2001年第4期，第99~108页。
② 陈映芳：《城市开发的正当性危机与合理性空间》，《社会学研究》2008年第3期，第29~55页。
③ 毛丹、王燕锋：《J市农民为什么不愿做市民——城郊农民的安全经济学》，《社会学研究》2006年第6期，第45~73页。
④ 折晓叶、陈婴婴：《超级村庄的基本特征及"中间"形态》，《社会学研究》1997年第6期，第35~43页。
⑤ 李培林：《巨变：村落的终结——都市里的村庄研究》，《中国社会科学》2002年第1期，第168~179页。

红低于 2000 元的村民，市民身份认同较高，分红大于 2000 元的，则市民身份认同较低。有物业出租的村民市民身份认同的比例低于没有物业出租的村民。由此可见，乡村利益的存在一定程度上强化了村民"乡下人"的身份认同，弱化了市民身份认同。

从问卷调查数据看，如表 4 - 6 所示，与之形成对比的是外来村民，外来村民在老家的乡村利益与市民身份认同之间并不存在显著的关系，即无论他们在老家是否有宅基地、是否有土地和是否有集体分红，他们在市民身份认同上并不存在统计意义上的显著差异。其原因可能在于外来村民所在家乡所处市场环境不同，村集体所能带来的收益有限，其利益带来的拉力不够，故而他们外出务工，因此对户籍身份认同的影响也有限。

表 4 - 5 本地村民乡村利益与身份认同

单位：%

变量	类别	城里人	乡下人	合计	差异性检验
宅基地	没有	31.39	68.61	100	$\chi^2 = 11.1501$, $p < 0.001$, 显著
	有	22.90	77.10	100	
	合计	26.12	73.88	100	
土地	没有	24.92	75.08	100	$\chi^2 = 1.0105$, $p = 0.315$, 不显著
	有	27.41	72.59	100	
	合计	26.12	73.88	100	
集体分红	没有分红或极少	29.56	70.44	100	$\chi^2 = 39.0276$, $p < 0.001$, 显著
	有分红但低于 2000 元	41.13	58.87	100	
	分红 2000 ~ 4999 元	16.92	83.08	100	
	分红 5000 及以上但小于 1 万	16.47	83.53	100	
	分红 1 万及以上但小于 2 万	17.20	82.80	100	
	大于等于 2 万	21.85	78.15	100	
	合计	26.15	73.85	100	
物业出租	没有	31.66	68.34	100	$\chi^2 = 12.1283$, $p < 0.001$, 显著
	有	22.78	77.22	100	
	合计	26.12	73.88	100	

表 4 – 6　外来村民老家乡村利益与身份认同

单位：%

变量	类别	城里人	乡下人	合计	差异性检验
宅基地	没有	13.64	86.36	100	$\chi^2 = 1.2784$, $p = 0.258$, 不显著
	有	10.97	89.03	100	
	合计	11.75	88.25	100	
土地	没有	13.09	86.91	100	$\chi^2 = 0.6842$, $p = 0.408$, 不显著
	有	11.16	88.84	100	
	合计	11.75	88.25	100	
集体分红	没有	11.20	88.80	100	$\chi^2 = 0.5972$, $p = 0.440$, 不显著
	有	13.00	87.00	100	
	合计	11.75	88.25	100	

三　行动主体：市场能力、观念与身份认同

（一）市场能力与理性选择

既有研究认为，市场能力是影响市民化的关键，也是流动人口社会融合的关键。例如李斌通过实证研究发现，代表市场能力的工作和收入与流动人口的城市融入正相关，原因在于市场能力是流动人口在城市实现"再社会化"的关键[1]；蔡禾、曹志刚则认为，农民工市场能力的增强可以帮助农民工在城市中实现职业身份的转变[2]。为比较不同市场能力常住人口市民身份认同差异，根据问卷调查数据，本书把反映市场能力的指标——受教育程度、技能证书、职业阶层、收入阶层、自有产权住房、家庭社会经济地位等纳入考察，如表 4 – 7 所示。

---

[1] 李斌：《农村居民的城市融入：基于工作状态研究的分析》，《国际社会科学》（中文版）2013 年第 4 期，第 25～39 页。

[2] 蔡禾、曹志刚：《农民工的城市认同及其影响因素——来自珠三角的实证分析》，《中山大学学报》（社会科学版）2009 年第 1 期，第 153～163 页。

表 4 - 7　常住人口市场能力与身份认同

单位：%

变量	类别	城里人	乡下人	合计	差异性检验
受教育程度	初中及以下	25.94	74.06	100	$\chi^2 = 233.758$, $p < 0.001$
	高中/中专	29.19	70.81	100	
	大专及以上	54.02	45.98	100	
	合计	46.20	53.80	100	
技能证书	没有	26.44	73.56	100	$\chi^2 = 277.64$, $p < 0.001$
	有	54.77	45.23	100	
	合计	46.20	53.80	100	
收入阶层	下层	33.89	66.11	100	$\chi^2 = 231.401$, $p < 0.001$
	中下	32.12	67.88	100	
	中层	45.57	54.43	100	
	中上	57.69	42.31	100	
	上层	62.95	37.05	100	
	合计	46.01	53.99	100	
职业阶层	普通职业	33.46	66.54	100	$\chi^2 = 272.87$, $p < 0.001$
	中间阶层	56.25	43.75	100	
	技术精英	60.71	39.29	100	
	合计	46.20	53.80	100	
自有产权住房	没有	26.64	73.36	100	$\chi^2 = 386.496$, $p < 0.001$
	有	58.25	41.75	100	
	合计	46.20	53.80	100	
家庭社会经济地位	下层	17.63	82.37	100	$\chi^2 = 470.5912$, $p < 0.001$
	中下	30.24	69.76	100	
	中层	53.70	46.30	100	
	中上	67.59	32.41	100	
	上层	69.16	30.84	100	
	合计	46.20	53.80	100	

（二）户口观念的转变

户籍作为市民化的制度性身份和符号性身份，长时间扮演着社会分层的角色，其根本原因在于依附于户籍之上的社会福利、资源配置甚至人生际遇的不平等，[1] 城镇户籍在某种程度上代表着更好的福利和更多的资源。但对于发达地区非农化乡村部分本地村民而言，保留"村籍"而非入户城镇才是他们的选择。在 20 世纪 90 年代，折晓叶对发生工业化过程和自然城镇化的超级村庄的研究发现，这些发达乡村相比周边社区有更发达的经济和收入，形成了以"村籍"为核心的利益分享制度，且这种制度具有排他性。[2] 进入 21 世纪，对这些超级村庄的拆迁、改造，以及由此诞生的"暴富"阶层一度引起公众注意，这些村庄的部分村民并不愿意入户城镇或者为获得高价补偿入户城镇。近年来，随着坚持城乡融合以破解城乡二元结构，深入推进乡村振兴战略和新型城镇化建设，人们对户籍的认识也在悄然发生转变。

　　根据问卷调查数据，如表 4 – 8 所示，对"农业户口依旧很有价值"这一观点持赞同（包括非常赞同和比较赞同）态度的比例达 56.13%，具体来看，外来村民持赞同态度的比例为 63.31%，本地村民持赞同态度的占 58.48%，外来居民持赞同态度的占 56.34%，本地居民持赞同态度的占 48.86%；对"家中应该至少保留一个农业户口"这一观点持赞同态度的占 52.51%，其中外来村民对此持赞同态度的占 64.52%，本地村民持赞同态度的比例为 55.48%，外来居民持赞同态度的占 48.39%，本地居民持赞同态度的占 43.23%；对"工作、居住在城镇就行，户口迁移不重要"这一观点持赞同态度的占 39.10%，其中外来

① 参见李春玲《流动人口地位获得的非制度途径——流动劳动力与非流动劳动力之比较》，《社会学研究》2006 年第 5 期，第 85～106 页；陆益龙《户口还起作用吗——户籍制度与社会分层和流动》，《中国社会科学》2008 年第 1 期，第 149～162 页；吴晓叶《中国的户籍制度与代际职业流动》，《社会学研究》2007 年第 6 期，第 38～65 页；吴晓刚、张卓妮《户口、职业隔离与中国城镇的收入不平等》，《中国社会科学》2014 年第 6 期，第 118～140 页；K. W. Chan, "Post-Mao China: A Two-class Urban Society in the Making," *International Journal of Urban and Regional Research*, 1996, 20 (1): 134–150; T. J. Cheng, M. Selden, "The Origins and Social Consequences of China's Hukou System," *China Quarterly*, 1994, 139 (Sep.): 644–668.
② 折晓叶：《村庄边界的多元化——经济边界开放与社会边界封闭的冲突与共生》，《中国社会科学》1996 年第 3 期，第 66～78 页。

村民持赞同态度的占 42.24%，本地村民持赞同态度的占 41.60%，外来居民持赞同态度的占 36.89%，本地居民持赞同态度的占 35.54%。尽管不同户籍属性常住人口对户口的认识存在显著差异，但总体上有较高比例的人认为农业户口在现代依旧有其价值，且认为家中最好能够保留一个农业户口；户口迁移对部分人来说并不那么重要，只要能够在城镇工作、居住就可以。这也说明，现实中很大一部分人并不想遵循"线性"城镇化的路径，而是有更多考虑。

表 4-8　不同户籍属性常住人口对户口的认识

单位：%

观点	选项	外地乡村	本地乡村	外地城镇	本地城镇	合计
农业户口依旧很有价值	非常赞同	31.71	32.99	28.76	28.46	30.63
	比较赞同	31.60	25.49	27.58	20.40	25.50
	不太赞同	15.63	17.44	21.49	20.02	18.46
	非常不赞同	7.65	10.73	9.31	14.46	11.05
	不清楚	13.41	13.34	12.86	16.67	14.36
	合计	100	100	100	100	100
家中应该至少保留一个农业户口	非常赞同	32.04	30.78	25.38	24.43	28.23
	比较赞同	32.48	24.70	23.01	18.80	24.28
	不太赞同	14.08	17.84	22.50	20.62	18.58
	非常不赞同	6.98	11.44	11.17	16.59	12.08
	不清楚	14.41	15.23	17.94	19.56	16.84
	合计	100	100	100	100	100
工作、居住在城镇就行，户口迁移不重要	非常赞同	18.74	21.47	16.75	19.18	19.44
	比较赞同	23.50	20.13	20.14	16.36	19.66
	不太赞同	28.49	25.89	29.78	26.86	27.34
	非常不赞同	13.97	16.50	17.43	20.02	17.21
	不清楚	15.30	16.02	15.91	17.58	16.35
	合计	100	100	100	100	100

　　注：三种观点不同态度的卡方检验值分别为 74.4743、129.4528、36.1054，显著性水平均小于 0.001。

四　身份认同分化的逻辑

前文对户籍属性、社会福利、社会关系网络、利益关系、市场能力与发达地区常住人口的市民身份认同的关系进行了描述性分析，但上述描述分析仅限于两两之间的关系，而并没有控制其他变量的影响。影响市民身份认同的因素是综合、多样的，不同自主性的个体在不同时空社会情境下对自身身份的重构和整合常常表现为不同的演化逻辑。[①] 为澄清各变量的独立影响，有必要对其他变量进行控制。为此，本研究建立影响身份认同的二元 logit 模型，以分析制度、乡村、个体三个层次的变量对市民身份认同的影响。为了展示不同户籍属性常住人口的市民身份认同逻辑，分别对本地村民、本地居民、外来常住人口建模。

（一）本地村民的身份认同

尽管发达地区非农化乡村在地理空间和生活方式上与城镇地区差异并不大，而且通过实施"村改居"以及城乡统一的居民户口登记制度，在形式上已经实施了城乡户籍，但实质上的身份变革以及市民化进程远未完成。根据问卷调查数据，如表 4 – 1 所示，本地村民只有 26.12% 的人认同市民身份，73.88% 的人仍旧认为自己是乡下人。根据问卷调查情况建模，如表 4 – 9 所示。模型 1 包含常住人口的人口学特征（个体特征）变量以及制度环境变量，模型 2 在模型 1 基础上添加了乡村利益变量，模型 3 在模型 2 基础上添加了社会关系网络变量的影响，模型 4 则在模型 3 基础上添加了本地村民的市场能力变量（包括受教育程度、是否有技能证书、收入阶层、职业阶层、是否有自有产权住房、家庭社会经济地位）。嵌套模型的比较表明，模型 4 在模型中拟合最好，因此

---

① L. Legault, N. Weinstein, J. Mitchell, et al., "Owning Up to Negative Ingroup Traits: How Personal Autonomy Promotes the Integration of Group Identity," *Journal of Personality*, 2017, 85 (5): 687 – 701.

本书对本地村民身份认同的解释主要基于模型 4。

表 4 - 9 本地村民市民身份认同的影响因素模型

变量	模型 1	模型 2	模型 3	模型 4
个体特征因素				
男性（是 = 1，否 = 0）	0.416 **	0.383 **	0.402 **	- 0.005
	(0.136)	(0.140)	(0.141)	(0.162)
年龄	- 0.030 **	- 0.026 *	- 0.024 *	0.001
	(0.010)	(0.010)	(0.010)	(0.012)
在婚（是 = 1，否 = 0）	0.270 *	0.330 *	0.357 *	0.290 +
	(0.137)	(0.141)	(0.141)	(0.160)
健康水平	- 0.027	- 0.001	0.010	0.079
	(0.131)	(0.134)	(0.135)	(0.152)
制度环境因素				
本地社保（有 = 1，没有 = 0）	- 0.333 *	- 0.266	- 0.210	- 0.300
	(0.151)	(0.162)	(0.163)	(0.187)
乡村利益因素				
宅基地（有 = 1，没有 = 0）		- 0.545 ***	- 0.469 **	- 0.380 *
		(0.161)	(0.163)	(0.181)
土地（有 = 1，没有 = 0）		0.203	0.210	- 0.092
		(0.154)	(0.155)	(0.175)
集体分红		- 0.098 **	- 0.083 **	- 0.081 *
		(0.030)	(0.030)	(0.033)
物业出租（有 = 1，没有 = 0）		0.816 ***	0.832 ***	0.422 *
		(0.152)	(0.153)	(0.174)
社会关系网络因素				
本地邻里熟悉程度			- 0.185 *	- 0.476 ***
			(0.092)	(0.109)
本地熟人、朋友数量			0.040	0.003
			(0.070)	(0.078)
在本地安家的亲戚、家人数量			- 0.127 +	- 0.077
			(0.069)	(0.075)
市场能力因素				
受教育程度（参照组：初中及以下）				
高中/中专				- 0.332
				(0.280)

续表

变量	模型 1	模型 2	模型 3	模型 4
大专及以上				0.127 (0.244)
技能证书（有 = 1，没有 = 0）				0.829 *** (0.215)
收入阶层				0.026 (0.056)
职业阶层				0.203 *** (0.059)
自有产权住房（有 = 1，没有 = 0）				0.517 * (0.202)
家庭社会经济地位				0.347 *** (0.042)
常数项	− 0.501 (0.603)	− 0.645 (0.617)	− 0.349 (0.631)	− 3.543 *** (0.786)
样本量（N）	1217	1214	1214	1196
pseudo R^2	0.020	0.055	0.061	0.198
Log lik.	− 678.842	− 652.914	− 648.585	− 542.058
Chi-squared	27.807	75.755	84.413	267.541

注：括号内为稳健标准误，显著性水平 $^+ p < 0.1$、$^* p < 0.05$、$^{**} p < 0.01$、$^{***} p < 0.001$。

从制度环境看，社保制度对本地村民市民身份认同的影响有限。控制其他变量后，尽管是否有本地社保负向影响本地村民的市民身份认同，但这种影响在统计上并不显著（$b = - 0.300$，$p > 0.1$）。这一结果与总体样本中发现拥有本地社保的常住人口对市民身份的认同比例要高于没有本地社保的常住人口不一样。其原因可能是本地村民大部分都有本地社保，村民之间社保的差异小，故而这一变量并不能很好地解释身份认同差异。

从乡村利益看，本地村民越是嵌入乡村利益，则对市民身份认同越有显著影响。具体来看，控制其他变量后，在本地拥有宅基地的村民相比没有宅基地的村民，认同市民身份的机率越低（$b = - 0.380$，$p < 0.05$）；本地村民拥有的集体分红越多，认同市民身份的可能性就越低

（$b = -0.081$，$p < 0.05$）；是否有土地对村民的市民身份认同无显著影响；有物业出租则会显著提高本地村民的市民身份认同（$b = 0.422$，$p < 0.05$）。由此可见，以宅基地、集体分红为代表的乡村利益会显著降低本地村民的市民身份认同，强化村民对乡村的归属感，但以市场化取向的物业出租，则会强化村民的市民身份认同。

从社会关系网络看，本地邻里熟悉程度越高，其市民身份的认同度就越低（$b = -0.476$，$p < 0.001$），这就意味着越是嵌入本地乡村生活，村民的市民身份认同就越低；本地熟人、朋友数量，在本地安家的亲戚、家人数量皆无显著影响。

从市场能力看，总体上，市场能力越高的村民，市民身份认同的可能性也越大。具体来看，受教育程度对村民的市民身份认同并无显著影响，但有技能证书的村民更倾向于认同市民身份（$b = 0.829$，$p < 0.001$），职业阶层越高的村民也越倾向于认同市民身份（$b = 0.203$，$p < 0.001$）。有自有产权住房的村民更倾向于认同市民身份（$b = 0.517$，$p < 0.05$）。家庭社会经济地位越高的村民，其认同市民身份的可能性越大（$b = 0.347$，$p < 0.001$）。

综上所述，对于发达地区非农化乡村本地村民而言，市场能力和乡村利益是影响其市民身份认同的关键因素。制度环境、社会关系网络的影响则相对有限。

（二）本地居民的身份认同

与上述研究一样，如表 4 - 10 所示，根据问卷调查情况建立了本地居民市民身份认同的嵌套模型，模型 7 为最终解释模型。本地居民由两部分构成：一部分由"农转非""村改居"政策转变而来，另一部分的市民身份通过工作、升学、婚嫁等方式而获得。为区分两类群体的市民身份认同差异，故而把市民身份获得方式作为自变量纳入模型中。实证结果发现，从制度环境看，控制其他变量后，社会保障制度可以显著提升本地居民的市民身份认同（$b = 0.091$，$p < 0.1$）；"农转非""村改居"等政策对市民身份也有重要影响，政策性"农转非"并不能提升

居民的市民身份认同（$b = -0.642$，$p < 0.01$），相比较而言，那些通过自身努力获得城镇户籍的居民，他们对市民身份的认同度更高。从社会关系网络看，本地邻里熟悉程度，本地熟人、朋友数量，在本地安家的亲戚、家人数量对本地居民市民身份认同的影响并不显著。从市场能力看，更高的受教育程度能提升居民的市民身份认同；职业阶层越高的居民，越是倾向于认同市民身份（$b = 0.125$，$p < 0.1$）；有自有产权住房的居民相比没有自有产权住房的居民，更认同市民身份（$b = 1.594$，$p < 0.001$）；在当地的家庭社会经济地位越高，也越倾向于认同市民身份。由此可见，本地居民是否认同其市民身份，更主要是受市场能力的影响，通俗而言，有自己的房子、有好的工作、家庭经济相对富裕、受教育程度高的居民更认同市民身份。

表 4-10　本地居民市民身份认同的影响因素模型

变量	模型 5	模型 6	模型 7
个体特征因素			
男性（是 =1，否 =0）	-0.055 (0.158)	-0.076 (0.159)	-0.324[+] (0.178)
年龄	0.009 (0.013)	0.010 (0.013)	0.024 (0.015)
在婚（是 =1，否 =0）	0.156 (0.164)	0.083 (0.166)	-0.024 (0.188)
健康水平	0.486[***] (0.131)	0.459[***] (0.131)	0.236 (0.155)
制度环境因素			
本地社保（有 =1，没有 =0）	0.594[**] (0.211)	0.590[**] (0.212)	0.091[+] (0.246)
政策性"农转非"（参照组：自致性"农转非"）	-0.470[*] (0.204)	-0.484[*] (0.205)	-0.642[**] (0.225)
社会关系网络因素			
本地邻里熟悉程度		0.343[***] (0.103)	0.136 (0.119)
本地熟人、朋友数量		-0.017 (0.083)	-0.075 (0.090)

变量	模型 5	模型 6	模型 7
在本地安家的亲戚、家人数量		0.026 (0.087)	− 0.082 (0.094)
市场能力因素			
受教育程度（参照组：初中及以下）			
高中/中专			0.292 (0.370)
大专及以上			0.805 * (0.327)
技能证书（有 =1，没有 =0）			0.294 (0.212)
收入阶层			0.037 (0.065)
职业阶层			0.125 + (0.069)
自有产权住房（有 =1，没有 =0）			1.594 *** (0.199)
家庭社会经济地位			0.178 *** (0.045)
常数项	− 1.534 * (0.662)	− 2.111 ** (0.686)	− 3.763 *** (0.844)
样本量（N）	1060	1060	1060
pseudo R^2	0.029	0.039	0.158
Log lik.	− 516.574	− 510.839	− 442.481
Chi-squared	30.473	41.941	166.401

注：括号内为稳健标准误，显著性水平 $^+ p < 0.1$、$^* p < 0.05$、$^{**} p < 0.01$、$^{***} p < 0.001$。

（三）外来常住人口的身份认同

从问卷调查情况来看，如表 4 − 11 所示，对外来常住人口（包括外来村民、外来居民）市民身份认同的模型结果表明（模型 11 是最佳拟合模型）：从制度环境看，控制其他变量后，是否有居住证对其市民身份认同并无显著影响；外来常住人口本身的户籍显著影响其市民身份认同，外来居民相比外来村民，更认同其市民身份（$b = 2.420$，$p <$

0.001）；外来常住人口是否有本地社保，并不显著影响其市民身份认同。从老家乡村利益看，如果外来常住人口在老家有宅基地（$b = -0.409$，$p < 0.05$）和集体分红（$b = -0.356$，$p < 0.1$），则会显著降低其市民身份认同。从社会关系网络看，控制其他变量后，外来常住人口本地邻里熟悉程度，本地熟人、朋友数量和在本地安家的亲戚、家人数量并不会影响其市民身份认同，但外来常住人口与本地人互动联系则可以显著提高他们的市民身份认同，相比那些日常中主要与同乡交往的外来常住人口，主要与本地人交往的外来常住人口更认同其市民身份（$b = 0.405$，$p < 0.05$）。从市场能力看，大专及以上文化程度的外来常住人口更认同市民身份（$b = 0.732$，$p < 0.05$），有技能证书的外来常住人口相比没有技能证书的外来常住人口，更可能认同市民身份（$b = 0.343$，$p < 0.05$）。在当地有自有产权住房的外来常住人口相比没有自有产权住房的外来常住人口，更认同市民身份（$b = 0.961$，$p < 0.001$）；在当地的家庭社会经济地位越高，也越倾向于认同市民身份（$b = 0.249$，$p < 0.001$）。由此可见，对于外来常住人口而言，老家乡村利益、与本地人的互动、市场能力和家庭社会经济地位才是影响其市民身份认同的关键。

表 4 – 11　外来常住人口市民身份认同的影响因素模型

变量	模型 8	模型 9	模型 10	模型 11
个体特征因素				
男性（是 = 1，否 = 0）	− 0. 115 （0. 146）	− 0. 096 （0. 148）	− 0. 161 （0. 151）	− 0. 329 * （0. 165）
年龄	0. 041 *** （0. 012）	0. 041 *** （0. 012）	0. 043 *** （0. 012）	0. 047 *** （0. 013）
在婚（是 = 1，否 = 0）	− 0. 017 （0. 155）	0. 007 （0. 156）	− 0. 062 （0. 159）	− 0. 015 （0. 170）
健康水平	0. 134 （0. 152）	0. 160 （0. 153）	0. 134 （0. 156）	0. 160 （0. 170）
制度环境因素				
居住证（有 = 1，没有 = 0）	0. 037 （0. 154）	0. 075 （0. 156）	0. 041 （0. 160）	− 0. 261 （0. 176）

变量	模型 8	模型 9	模型 10	模型 11
户籍（城镇=1，乡村=0）	2.644 *** (0.139)	2.568 *** (0.141)	2.543 *** (0.144)	2.420 *** (0.156)
本地社保（有=1，没有=0）	0.632 *** (0.147)	0.641 *** (0.148)	0.588 *** (0.151)	0.187 (0.165)
老家乡村利益因素				
宅基地（有=1，没有=0）		−0.419 * (0.173)	−0.488 ** (0.175)	−0.409 * (0.184)
土地（有=1，没有=0）		−0.246 (0.175)	−0.278 (0.177)	−0.303 (0.187)
集体分红（有=1，没有=0）		0.234 (0.168)	0.078 (0.174)	−0.356 + (0.190)
社会关系网络因素				
本地邻里熟悉程度			0.321 ** (0.103)	0.151 (0.112)
本地熟人、朋友数量			−0.000 (0.083)	−0.072 (0.087)
在本地安家的亲戚、家人数量			−0.035 (0.102)	−0.023 (0.108)
日常社会交往（参照组：同乡）				
本地人			0.598 *** (0.172)	0.405 * (0.181)
外地人（非同乡）			0.051 (0.205)	0.155 (0.218)
很少与人来往			−0.222 (0.216)	0.019 (0.234)
市场能力因素				
受教育程度（参照组：初中及以下）				
高中/中专				0.095 (0.383)
大专及以上				0.732 * (0.361)
技能证书（有=1，没有=0）				0.343 * (0.172)

变量	模型 8	模型 9	模型 10	模型 11
收入阶层				0.013
				(0.061)
职业阶层				0.044
				(0.060)
自有产权住房（有 =1，没有 =0）				0.961 ***
				(0.174)
家庭社会经济地位				0.249 ***
				(0.046)
本地方言熟悉程度				0.068
				(0.093)
常数项	- 4.061 ***	- 3.791 ***	- 4.193 ***	- 6.229 ***
	(0.756)	(0.765)	(0.800)	(0.987)
样本量 （N）	1477	1477	1477	1477
pseudo R^2	0.272	0.280	0.296	0.362
Log lik.	- 681.389	- 674.039	- 658.281	- 593.927
Chi-squared	508.583	523.283	554.799	675.236

注：括号内为稳健标准误，显著性水平 $^+p<0.1$、$^*p<0.05$、$^{**}p<0.01$、$^{***}p<0.001$。

第五章

市民化意愿及其分化

如前文所述，关于市民化的国外研究可以追溯到人口迁移理论和移民融合理论，既有大量研究分别从宏观、中观和微观三个层面分析了移民的迁移决策。借用国外的迁移理论，国内学者对城镇化过程中农业转移人口的市民化意愿（包括入户意愿）也进行了大量研究，在市民化意愿的影响因素及机制方面已累积了诸多知识。尽管各研究者采用的抽样调查数据不同，但他们的研究证实了影响市民化意愿的一些共同因素，例如农业转移人口的性别、年龄、婚姻、教育水平、职业等级、住房质量、收入水平、家乡农村土地收益、相对剥夺感等。[①] 近年来，随着家庭化迁移趋势的加剧，部分学者开始借助新移民经济学的视角，注意到家庭因素对迁移决策和入户意愿的重要影响。例如杨云彦、石智雷

[①] 参见王毅杰《流动农民留城定居意愿影响因素分析》，《江苏社会科学》2005 年第 5 期，第 26 ~ 32 页；王桂新、陈冠春、魏星《城市农民工市民化意愿影响因素考察——以上海市为例》，《人口与发展》2010 年第 2 期，第 2 ~ 11 页；聂伟、李楠《农村外出劳动力留城与返乡意愿影响因素分析》，《中国人口科学》2010 年第 6 期，第 102 ~ 108 页；李永友、徐楠《个体特征、制度性因素与失地农民市民化——基于浙江省富阳等地调查数据的实证考察》，《管理世界》2011 年第 1 期，第 62 ~ 70 页；陈会广、刘忠原、石晓平《土地权益在农民工城乡迁移决策中的作用研究——以南京市 1062 份农民工问卷为分析对象》，《农业经济问题》2012 年第 7 期，第 70 ~ 77 页；聂伟、风笑天《就业质量、社会交往与农民工入户意愿——基于珠三角和长三角的农民工调查》，《农业经济问题》2016 年第 6 期，第 34 ~ 42 页；朱健、陈湘满、袁旭宏《我国农民工市民化的影响因素分析》，《经济地理》2017 年第 1 期，第 66 ~ 73 页。

发现家庭禀赋因素对返乡的重要作用[①]，魏万青则注意到夫妻团聚（同城工作或生活）、子女教育以及住房状况等指标对农民工入户意愿的影响[②]。这些研究从不同视角解释了农业转移人口的市民化决策和市民化意愿，极大地推进了市民化相关研究。但这些研究主要集中于流动农民工以及整体的农业转移人口，鲜有人涉及发达地区非农化乡村常住人口的市民化过程。本书在承接既有研究实证结论的基础上，立足发达地区非农化乡村的问卷调查资料和访谈资料，采用新制度主义的多层次因果分析框架，探讨发达地区非农化乡村常住人口的市民化选择及其异质性，以期为推动中国新型城镇化、城乡一体化建设提供参考。

一　本地村民入户城镇的影响因素

（一）制度、乡村、个体与入户选择

学术界关于本地村民的市民化曾提出就地市民化[③]或原地市民化等概念，对市民化影响背后的相关因素也进行了实证。本书借用新制度主义的多层次因果分析框架，考虑宏观层面的制度环境、中观层面的乡村利益、社会关系网络以及微观层面个体的理性行动能力（市场能力）与市民化选择的关系。以入户当地的意愿为测量指标，首先分析各层次因素与入户意愿之间的相关关系，然后建立多类别 logit 模型，分析不同因素的净效应，以揭示入户意愿选择背后的社会逻辑。根据问卷调查

---

① 杨云彦、石智雷：《家庭禀赋对农民外出务工行为的影响》，《中国人口科学》2008 年第 5 期，第 66～72 页；石智雷、杨云彦：《家庭禀赋、家庭决策与农村迁移劳动力回流》，《社会学研究》2012 年第 3 期，第 157～181 页；杨云彦、石智雷：《中国农村地区的家庭禀赋与外出务工劳动力回流》，《人口研究》2012 年第 4 期，第 3～17 页。

② 魏万青：《从职业发展到家庭完整性：基于稳定城市化分析视角的农民工入户意愿研究》，《社会》2015 年第 5 期，第 196～217 页。

③ 罗竖元：《返乡创业质量与农民工就地市民化——基于湖南、安徽与贵州三省调查数据的实证分析》，《南京农业大学学报》（社会科学版）2018 年第 6 期，第 69～78 页；吴曼、宗义湘、赵邦宏：《农业转移人口就地市民化公共成本分担及对策建议——以石家庄市为例》，《河北农业大学学报》（社会科学版）2020 年第 1 期，第 41～49 页。

结果，如表 5 - 1 所示，本地村民市民化意愿总体较高，其中愿意全家入户本地的占 37.17%，只愿意家人部分入户的占 25.81%，明确表示不愿入户的占 37.02%。

一是从制度环境看，社会保障制度的覆盖与市民化意愿相关。根据问卷调查结果制作的表 5 - 1，显示了福利制度与入户意愿之间的关系。总体上，有本地社保的村民比没有本地社保的村民更倾向于不入户城镇。没有本地社保的村民，只有 19.62% 选择不愿入户，而有本地社保的村民则有 42.80% 的人选择不愿入户。

表 5 - 1　本地社保与本地村民的城镇入户选择

本地社保	全家入户	部分入户	不愿入户	合计
没有	149（47.15%）	105（33.23%）	62（19.62%）	316（100%）
有	322（33.86%）	222（23.34%）	407（42.80%）	951（100%）
合计	471（37.17%）	327（25.81%）	469（37.02%）	1267（100%）

二是从乡村利益看，根据问卷调查结果，如表 5 - 2 所示，是否有宅基地与入户选择显著相关，有宅基地的村民不愿入户的比例达42.75%，而没有宅基地的村民不愿入户城镇的比例只有 27.65%；是否有土地则与入户选择并不相关，原因可能在于这些发达乡村基本没有了农业用地；集体分红的多少与入户选择显著相关，但其关系是非线性的，总体而言，集体分红越多，村民越不愿意市民化；是否有物业出租与入户选择无关。

表 5 - 2　乡村利益与本地村民的城镇入户选择

单位：%

乡村利益	类别	全家入户	部分入户	不愿入户	合计	差异性检验
宅基地	没有	48.23	24.12	27.65	100	$\chi^2 = 44.74$, $p < 0.001$, 显著
	有	30.41	26.84	42.75	100	
	合计	37.17	25.81	37.02	100	

续表

乡村利益	类别	全家入户	部分入户	不愿入户	合计	差异性检验
土地	没有	37.46	23.70	38.84	100	不显著
	有	36.87	28.06	35.07	100	
	合计	37.17	25.81	37.02	100	
集体分红	没有分红或极少	44.33	27.09	28.57	100	$\chi^2 = 179.23$，$p < 0.001$，显著
	有分红但低于2000元	50.35	38.30	11.35	100	
	分红2000~4999元	41.54	27.69	30.77	100	
	分红5000及以上但小于1万	15.88	19.41	64.71	100	
	分红1万及以上但小于2万	15.05	12.90	72.04	100	
	大于等于2万	27.73	22.69	49.58	100	
	合计	37.17	25.81	37.02	100	
物业出租	没有	36.71	26.58	36.71	100	不显著
	有	37.95	24.53	37.53	100	
	合计	37.17	25.81	37.02	100	

三是从社会关系网络看，根据问卷调查结果，如表5-3所示，越是嵌入社会关系网络的村民，市民化意愿越低。表5-3展示了对乡村的熟悉程度，本地熟人、朋友数量，在本地安家的亲戚、家人数量与入户选择的关系，总体来看，对乡村的熟悉程度越高，本地熟人、朋友数量越多，在本地安家的亲戚、家人越多的村民，选择不愿入户城镇的比例越高。

表5-3　社会关系网络与本地村民的城镇入户选择

单位：%

社会关系网络	类别	全家入户	部分入户	不愿入户	合计	差异性检验
对乡村的熟悉程度	不太熟悉	48.64	25.29	26.07	100	$\chi^2 = 21.872$，$p < 0.001$，显著
	一般熟悉	34.37	25.94	39.69	100	
	比较熟悉	34.17	25.94	39.89	100	
	合计	37.17	25.81	37.02	100	

社会关系网络	类别	全家入户	部分入户	不愿入户	合计	差异性检验
本地熟人、朋友数量	很少	43.63	24.96	31.41	100	$\chi^2 = 41.387$, $p < 0.001$, 显著
	较少	33.55	29.24	37.21	100	
	中等	35.04	30.66	34.31	100	
	较多	23.02	22.22	54.76	100	
	很多	31.58	19.30	49.12	100	
	合计	37.17	25.81	37.02	100	
在本地安家的亲戚、家人数量	很少	47.41	28.44	24.15	100	$\chi^2 = 122.034$, $p < 0.001$, 显著
	较少	39.15	29.07	31.78	100	
	中等	22.96	26.67	50.37	100	
	较多	24.18	16.48	59.34	100	
	很多	22.56	20.30	57.14	100	
	合计	37.17	25.81	37.02	100	

　　四是从市场能力看，根据问卷调查结果，如表5-4所示，受教育程度越高的村民，愿意入户城镇的比例越高，初中及以下受教育程度的村民不愿入户的比例为42.31%，高中/中专受教育程度的村民不愿入户的比例为40.32%，大专及以上受教育程度的村民不愿入户的比例则只有34.18%，但在统计上并无显著差异。技能证书与入户选择显著相关，有技能证书的村民愿意入户城镇的比例更高，不愿入户城镇的比例只有29.47%，而没有技能证书的村民，不愿入户的比例高达53.09%。收入阶层与入户选择显著相关，收入属于当地上层的村民不愿入户的比例为24.35%，中上层是21.78%，而收入属于中下层的则有55.31%的村民不愿入户城镇。职业阶层与入户选择也显著相关，技术精英更愿意入户城镇，不愿入户城镇的比例只有17.28%，相比较而言，普通职业、中间阶层不愿入户的比例则分别达43.58%、47.96%。是否有自有产权住房与入户选择并不显著相关。家庭社会经济地位与入户选择显著相关，家庭社会经济地位在当地越高，越倾向于入户城镇，下层家庭有65.08%不愿入户城镇，而上层家庭则只有9.52%。由此可见，本地村民是否愿意入户城镇与其市场能力息息相关，市场能力越强的村民，

越是倾向于入户城镇，反之则不愿入户城镇。

表 5 - 4　市场能力与本地村民的城镇入户选择

单位：%

市场能力	类别	全家入户	部分入户	不愿入户	合计	差异性检验
受教育程度	初中及以下	32.69	25.00	42.31	100	$\chi^2 = 6.871$, $p = 0.143$, 不显著
	高中/中专	35.16	24.52	40.32	100	
	大专及以上	39.25	26.57	34.18	100	
	合计	37.17	25.81	37.02	100	
技能证书	没有	22.47	24.44	53.09	100	$\chi^2 = 76.587$, $p < 0.001$, 显著
	有	44.08	26.45	29.47	100	
	合计	37.17	25.81	37.02	100	
收入阶层	下层	35.59	22.63	41.78	100	$\chi^2 = 69.048$, $p < 0.001$, 显著
	中下	21.23	23.46	55.31	100	
	中层	43.41	22.44	34.15	100	
	中上	43.56	34.67	21.78	100	
	上层	44.35	31.30	24.35	100	
	合计	37.17	25.81	37.02	100	
职业阶层	普通职业	30.30	26.12	43.58	100	$\chi^2 = 104.337$, $p < 0.001$, 显著
	中间阶层	27.15	24.89	47.96	100	
	技术精英	56.94	25.78	17.28	100	
	合计	37.17	25.81	37.02	100	
自有产权住房	没有	38.68	28.62	32.70	100	$\chi^2 = 3.688$, $p = 0.158$, 不显著
	有	36.67	24.87	38.46	100	
	合计	37.17	25.81	37.02	100	
家庭社会经济地位	下层	23.02	11.90	65.08	100	$\chi^2 = 140.111$, $p < 0.001$, 显著
	中下	32.25	19.78	47.97	100	
	中层	36.03	28.14	35.83	100	
	中上	50.29	36.42	13.29	100	
	上层	55.24	35.24	9.52	100	
	合计	37.17	25.81	37.02	100	

（二）本地村民入户选择分化镜像

从上述分析中可以发现本地村民在入户意愿上存在分化，且即使是有入户意愿的村民中，具体的入户策略也存在差异，部分选择全家入户城镇，而部分选择家庭中部分入户城镇部分保留农村户口。这种分化镜像是如何构成的呢？根据问卷调查数据，如图 5-1 所示，本地村民愿意全家入户城镇首先考虑的还是未来的发展机会，有 57.32% 的本地村民愿意全家入户当地城镇是因为城镇发展机会多；其次是城镇医疗、教育资源好，占 26.11%；再次是城镇社会保障好，占 8.92%。只有少数村民是出于乡村生活不便利（2.97%）和不习惯乡村生活（1.70%）而愿意全家入户城镇。

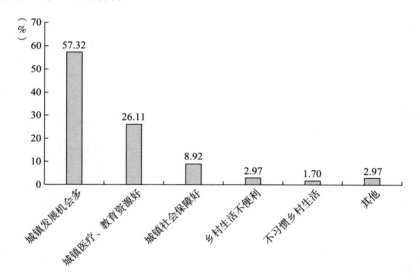

图 5-1　本地村民何以选择全家入户城镇

注：样本量为 471。

但在访谈中，当问到相比村民户口，转为居民户口有没有什么好处时，本地村民 F53CY（男，原村干部）表示：小孩读书还是有用啊。城镇教育条件好，便于小孩拿学位嘛。除了这个，其他好处好像没有了。① 由此可见，对于本地村民而言，选择全家入户主要还是在于城

———————

① 这里的 F53CY，是匿名处理之后的受访人个案编号。座谈发言人个案编号均以 Z 开头，受访人个案编号均以 F 开头。夹注为性别、身份特征。楷体字均为调研对象原话，但涉及人名、地名时也会进行匿名处理。下文不再说明。

镇的拉力，尤其是子女教育等公共服务资源的优势，依旧具有一定吸引
力，而来自乡村的推力则越来越小。在这些发达的非农化乡村，本地村
民的生活事实上已经非常便利，与城镇生活基本无异，因此，基于来自
乡村的推力因素而入户的比例极小，入户更多是因为自身发展的需要，
以及谋求更好的公共服务、社会福利等。

　　实证调研发现，在不少非农化乡村本地村民的家庭里或本地居民的
家庭里，都存在一个家庭有村民、居民两种户籍的情况。问卷调研的
结果表明，如图5-2所示，本地村民选择部分入户城镇主要是基于理
性选择，其希望既可以享受城镇公共服务资源，又可以拥有乡村利益
（51.99%），同时乡村也是避风港，乡村户口是一个退路，就业不好时
可以回去（16.21%）。乡村成为部分农业转移人口逃避城镇风险的选
择之地。9.79%的村民是为了子女入学才入户城镇的，并非其自愿选
择；4.28%的人是因为将来打算回乡村，所以要保留乡村户口；2.75%
的村民是因为乡村亲戚朋友多，所以保留部分家庭成员的户口；

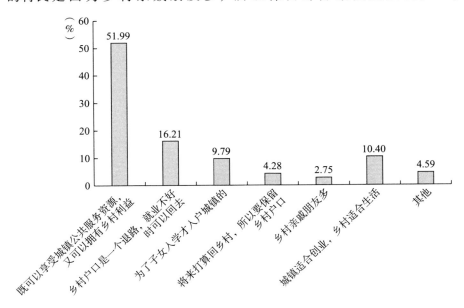

图5-2　本地村民何以选择部分入户城镇

注：样本量为327。

10.40%的村民是因为城镇适合创业，乡村适合生活，所以保留部分成员的乡村户口，只愿意部分成员入户城镇。

问卷调研结果还表明，如表5-5所示，本地村民中超过1/3不愿入户城镇，主要是由于本地村民认为城镇乡村差别不大，没有必要转户口（59.70%）；另外也是为了保留乡村土地和宅基地（55.44%），为了集体分红（44.78%）；而习惯乡村生活方式（41.15%）、为了乡村户口的农业补贴（27.51%）、给自己留一条退路（20.47%）等也是重要影响因素。从其重要性看，城乡一体化以及乡村利益是最重要的因素。发达地区非农化乡村的城乡差别不大，甚至城镇居民对当地的村民也非常羡慕，因为他们很可能有大笔的集体分红收入。

表5-5 部分本地村民何以选择不愿入户城镇

单位：%

何以选择不愿入户城镇	频数	权重百分比	百分比
城镇乡村差别不大，没有必要转户口	280	21.56	59.70
为了保留乡村土地和宅基地	260	20.02	55.44
为了集体分红	210	16.17	44.78
为了乡村户口的农业补贴	129	9.93	27.51
习惯乡村生活方式	193	14.86	41.15
给自己留一条退路	96	7.39	20.47
工作没有保障	62	4.77	13.22
其他	69	5.31	14.71
合计	1299	100	

注：此项问题为多选题。"权重百分比"代表按照选择某类的比例排序计算出的重要性，"百分比"代表选择了某一类型的比例。

在访谈中，当问及本地村民是否愿意把户口转为城镇户口时，普遍的回答是不愿意转或者转不转无所谓。本地村民F03WT（男，茶馆老板）表示：有什么用啊，现在是城镇居民户口想要到乡村来，谁愿意在城镇啊，20世纪八九十年代有用，现在都没用了……你在这个地方土生土长，哪怕是拆掉这个地方你也愿意住在附近，不愿意跑到远的地方去，因为这边你熟悉了啊。跑到其他地方去，像我们年轻人是无所谓的，在哪里住都 OK。但比较传统的老一辈的人肯定是不愿意的，祖祖辈辈土生土长在这里，一个指令就叫你搬掉开发什么东西，肯定会想不通。本地居民 F05BG（男，村干部）同样认为：获得城镇居民户口当然有好处，有稳定的养老保险、医保。但村民户口更好啊。我女儿现在有农龄分红、有农田流转补贴，而且企业还帮她买了社保。现在没有人往外迁户口的，他们都想迁回来，可是现在想回来也回不来了。我想女儿也不会想转城镇居民户口。

由上述访谈分析可知，在发达地区的非农化乡村，人民生活富裕，集体收益不菲，有部分本地村民并不愿意转为城镇居民户口。城乡差距的缩小，以及乡村的土地性、集体分红收益，使乡村更受本地村民青睐；经济发展过程中部分近郊乡村土地价值上涨，较高的征地补偿和拆迁补偿，也让部分本地村民对土地收益的期待越来越高。

（三）本地村民入户城镇的逻辑

为进一步分析各层次因素对本地村民入户城镇意愿的影响，根据问卷调查结果，课题组建立了入户意愿的多分类 logit 模型，以比较不同入户选择背后的机制，模型拟合结果见表 5-6。

表 5-6　本地村民不同入户城镇选择的影响因素模型

变量	全家入户 VS 部分入户（模型 12）	全家入户 VS 不入户（模型 13）	部分入户 VS 不入户（模型 14）
个体特征因素			
男性（是=1，否=0）	0.194 (0.166)	0.208 (0.171)	0.014 (0.180)
年龄	0.012 (0.013)	-0.016 (0.012)	-0.028* (0.013)
在婚（是=1，否=0）	-0.237 (0.169)	-0.414* (0.183)	-0.177 (0.189)
健康水平	0.111 (0.152)	-0.022 (0.171)	-0.133 (0.175)

变量	全家入户 VS 部分入户（模型 12）	全家入户 VS 不入户（模型 13）	部分入户 VS 不入户（模型 14）
制度环境因素			
本地社保（有 =1，没有 =0）	0.241 (0.183)	−0.538* (0.216)	−0.779*** (0.222)
乡村利益因素			
宅基地（有 =1，没有 =0）	−0.638*** (0.186)	−0.569** (0.196)	0.069 (0.209)
土地（有 =1，没有 =0）	0.059 (0.177)	0.230 (0.182)	0.171 (0.188)
集体分红	−0.036 (0.034)	−0.154*** (0.034)	−0.118*** (0.036)
物业出租（有 =1，没有 =0）	0.354 (0.182)	0.208 (0.184)	−0.146 (0.194)
社会关系网络因素			
乡村邻里熟悉程度	0.001 (0.110)	−0.130 (0.116)	−0.132 (0.123)
本地熟人、朋友数量	0.020 (0.082)	0.156 (0.084)	0.136 (0.088)
在本地安家的亲戚、家人数量	−0.114 (0.081)	−0.463*** (0.081)	−0.349*** (0.084)
子女入学（是 =1，否 =0）	0.357* (0.179)	0.615*** (0.181)	0.258* (0.187)
市场能力因素			
受教育程度（参照组：初中及以下）			
高中/中专	0.028 (0.271)	0.207 (0.275)	0.179 (0.286)
大专及以上	−0.050 (0.245)	0.058 (0.254)	0.108 (0.263)
技能证书（有 =1，没有 =0）	0.482* (0.198)	0.563** (0.192)	0.082 (0.194)
收入阶层	0.095 (0.056)	0.144* (0.061)	0.179** (0.063)
职业阶层	0.205*** (0.062)	0.335*** (0.070)	0.129 (0.076)
自有产权住房（有 =1，没有 =0）	0.063 (0.193)	−0.244 (0.207)	−0.307 (0.215)

变量	全家入户 VS 部分入户（模型 12）	全家入户 VS 不入户（模型 13）	部分入户 VS 不入户（模型 14）
家庭社会经济地位	−0.078 (0.042)	0.275 *** (0.046)	0.353 *** (0.049)
常数项	−0.136 (0.777)	0.484 (0.844)	0.620 (0.878)
样本量（N）	1196	1196	1196
pseudo R^2	0.179	0.179	0.179

注：括号内为稳健标准误，显著性水平 $^+p<0.1$、$^*p<0.05$、$^{**}p<0.01$、$^{***}p<0.001$。

　　从全家入户与部分入户的比较（模型 12）看，子女入学是全家入户的核心动力之一，有子女入学需求比没有子女入学需求的本地村民家庭，全家入户城镇的可能性更大（$b=0.357$，$p<0.05$）。市场能力中则只有技能证书和职业阶层对选择有显著影响：有技能证书的本地村民更愿意全家入户城镇，而不是选择部分入户城镇（$b=0.482$，$p<0.05$），职业阶层越高的本地村民，全家入户城镇的可能性也越大（$b=0.205$，$p<0.001$）。而阻碍本地村民全家入户城镇的因素则主要是宅基地，有宅基地的村民比没有宅基地的村民更倾向于家庭成员部分入户而不是全家入户（$b=-0.638$，$p<0.001$）。

　　从全家入户与不入户的比较（模型 13）看，子女入学依旧是影响全家入户的核心因素之一，有子女入学需求比没有子女入学需求的本地村民家庭，全家入户城镇的可能性更大（$b=0.615$，$p<0.001$）。此外，市场能力显著影响全家入户选择：有技能证书的本地村民更愿意全家入户城镇，而不是选择部分入户城镇（$b=0.563$，$p<0.01$），收入阶层越高（$b=0.144$，$p<0.05$）、职业阶层越高（$b=0.335$，$p<0.001$）和家庭社会经济地位越高（$b=0.275$，$p<0.001$）的本地村民，全家入户城镇的可能性也越大。而阻碍本地村民全家入户城镇的因素则主要是本地社保、宅基地和集体分红。有本地社保的村民家庭，入户城镇的意愿大大降低（$b=-0.538$，$p<0.05$），其原因就在于有本地社保后村民入户城镇并不能获得额外收益，所以其入户意愿降低；有宅基地的村民比

没有宅基地的村民更倾向于家庭成员部分入户而不是全家入户（$b = -0.569$，$p < 0.01$）；集体分红越多的本地村民家庭越不愿意全家入户城镇（$b = -0.154$，$p < 0.001$），他们可能担心入户后集体分红收益会受到影响。此外，村民在本地安家的亲戚、家人数量越多，即村民的乡村社会关系嵌入越多，本地村民也越不愿入户城镇（$b = -0.463$，$p < 0.001$）。

从部分入户与不入户的比较（模型 14）看，子女入学是影响本地村民部分入户城镇的核心因素之一，有子女入学需求比没有子女入学需求的本地村民家庭，部分入户城镇的可能性更大，而不入户的可能性小（$b = 0.258$，$p < 0.05$）。同样，市场能力显著影响他们的部分入户选择：收入阶层越高（$b = 0.179$，$p < 0.01$）和家庭社会经济地位越高（$b = 0.353$，$p < 0.001$）的本地村民，部分入户城镇的可能性也越大。而阻碍本地村民部分入户城镇的因素则主要是本地社保和集体分红。有本地社保的村民家庭，部分入户城镇的意愿大大降低（$b = -0.779$，$p < 0.001$）；集体分红越多的本地村民家庭越不愿部分入户城镇（$b = -0.118$，$p < 0.001$），他们可能担心入户后集体分红收益会受到影响。此外，村民在本地安家的亲戚、家人数量越多，即村民的乡村社会关系嵌入越多，本地村民也越不愿部分入户城镇（$b = -0.349$，$p < 0.001$）。

基于以上三种入户选择的逻辑比较可知，社会保障制度的实施使得本地村民的市民化意愿降低，集体分红、宅基地等收益形成了市民化的阻力，部分本地村民害怕在"村改居"等户籍变革中失去这些利益，因此不愿市民化。此外传统乡村的社会关系网络也是阻止本地村民市民化的因素之一，当村民在本地社会关系网络越多，其转变户籍身份的意愿就越低。真正促使当地村民市民化的动力还在于家庭生命周期中的特定事件和个体的市场能力，子女入学、个人收入、职业、家庭经济条件才是最关键的因素。因此，要推动本地村民的市民化，最核心的还是要推动集体经济组织转企改制，使其收益通过市场稳定地保值增值，使之在摆脱乡村经济羁绊的同时能保障身份转变后股份分红的合法权益，并且要注重提高本地村民城镇适应的市民化能力。

二 本地居民的回迁意愿

（一）制度、乡村、个体与居民回迁

西方发达国家和地区的城市化历程表明，城市化伴随着工业化而迅速发展。但西方国家的经验也指出，当城市化发展到一定阶段后，会出现"逆城市化"现象。1974 年，联合国在《城乡人口预测方法》中，从理论与实证两个方面详细论证了城市化水平随时间增长的"S"形变化规律。[1] 1976 年，美国地理学家布莱恩·贝利指出，城市化到一定阶段后，大都市地区的发展开始趋于缓慢，部分城市人口以及资源开始流向小城镇、农村，即"逆城市化"。[2] 此后，"逆城市化"或"逆城镇化"被认为是城镇化过程中必然经历的一个阶段。

尽管中国正处于工业化和城镇化快速发展的时期，且户籍人口城镇化率相对常住人口城镇化率仍然较低，但近年来却出现了"非转农""郊区化"等现象，有人据此推断中国"逆城市化"阶段已经悄然来临，并被部分学者所注意。当前中国部分人口逆向地流往乡村，是西方所谓的"逆城市化"吗？据此，国内学者多有争论，部分学者认为这是与西方社会类似的"逆城市化"，是城市化发展到一定阶段的客观现象[3]，部分学者则认为这不是西方意义上的"逆城市化"，而是一种"伪逆城市化"[4]，因为中国目前并不具备西方意义上"逆城市化"的内

---

[1] 李恩平：《城市化时间路径曲线的推导与应用——误解阐释与研究拓展》，《人口研究》2014 年第 3 期，第 28~40 页。

[2] B. J. L. Berry, *Urbanization and Counterurbanization. Beverly Hills*, CA：Sage Publication，1976：34.

[3] 廖筠：《城市化进程中的"逆城市化现象"——"非转农"问题分析》，《上海经济研究》2003 年第 6 期，第 20~21 页；陈伯君：《"逆城市化"趋势下中国村镇的发展机遇——兼论城市化的可持续发展》，《社会科学研究》2007 年第 3 期，第 53~57 页。

[4] 袁业飞：《"逆城市化"已经提前来临？——伪"逆城市化"现象调查》，《中华建设》2011 年第 8 期，第 18~23 页；郎咸平：《什么叫真正的"逆城市化"》，《记者观察》2012 年第 7 期，第 30~31 页。

部和外部条件①。本课题组实证调研发现一个共同的现象是，部分本地村民对市民化不感兴趣，与此同时却有部分本地居民想把户口回迁到村里，比如座谈调研中，某镇干部 Z16GA（女，镇公安分局代表）就说，2017 年有超过 900 人把户口回迁到村里。② 那么发达地区本地居民想回迁到乡村是一种"逆城镇化"吗？对此应该如何解释呢？

从问卷调查数据看，如图 5－3 所示，本地居民市民身份的获得途径目前主要有升学、购房入户、婚姻、提干或转干、土地被征用、"村改居"等方式。如前所述，李斌、张贵生曾把升学、购房入户、工作提干、积分入户等市民化方式定义为"自致性"市民化，而通过土地征收、"村改居"、户口改革、婚姻、随迁、出生时即城市户口定义为"政策性"市民化。比较二者的回迁意愿发现，二者并无显著差异。回迁意愿的差异与其他因素有关。

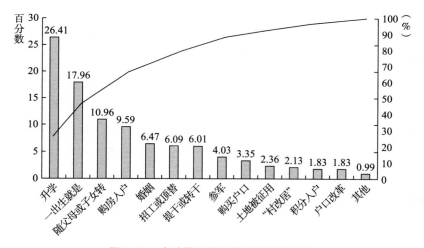

图 5－3　本地居民市民身份的获得途径

① 曹宗平：《内在动因、外在条件与"逆城市化"潜流》，《改革》2016 年第 1 期，第 88～94 页；曹宗平、朱勤丰：《中国"逆城市化"背景下的"非转农"问题探析》，《福建论坛》（人文社会科学版）2016 年第 5 期，第 93～97 页。
② Z16GA 在谈到户口迁回村里时还说：我们镇居民委员会也有块牌子，也有组织机构和工作人员，但居民大部分散居在各村；因为是城乡统一登记的居民户口，他们一般以为他们已经是村民，实际上他们只是居住地变化，城镇户籍本质上没有改变。由此看来，这里的户口回迁到村里，迁的应该是城乡统一登记的居民户口本，而不是指"逆市民化"的居民转村民，但至少表明他们有回迁的意愿。

从社会关系网络看，根据问卷调查结果，如表 5-7 所示，发达地区非农化乡村的本地居民嵌入乡土社会关系网络越深，其愿意回迁到乡村的比例也越高。具体来看，如果居民对非农化乡村不太熟悉，其不愿回迁的比例为 30.68%，一般熟悉的不愿回迁比例是 26.74%，比较熟悉的不愿回迁比例是 19.07%；如果居民在本地的熟人、朋友数量很多的话，其不愿回迁的比例是 17.78%，而数量很少的话其不愿回迁的比例则为 23.24%；在本地安家的亲戚、家人数量越多，其愿意回迁的比例基本上越多，不愿回迁的比例越少。

表 5-7 社会关系网络与本地居民的回迁意愿

单位：%

变量	类别	全家回迁	部分回迁	不愿回迁	合计	差异性检验
对非农化乡村的熟悉程度	不太熟悉	31.08	38.25	30.68	100	$\chi^2 = 18.117$, $p < 0.001$, 显著
	一般熟悉	28.26	45.00	26.74	100	
	比较熟悉	34.33	46.60	19.07	100	
	合计	31.58	44.44	23.97	100	
本地熟人、朋友数量	很少	30.29	46.47	23.24	100	$\chi^2 = 27.028$, $p < 0.001$, 显著
	较少	32.22	44.72	23.06	100	
	中等	23.61	47.22	29.17	100	
	较多	29.50	42.45	28.06	100	
	很多	53.33	28.89	17.78	100	
	合计	31.58	44.44	23.97	100	
在本地安家的亲戚、家人数量	很少	28.57	45.51	25.92	100	$\chi^2 = 24.287$, $p < 0.01$, 显著
	较少	34.81	45.73	19.45	100	
	中等	25.64	46.15	28.21	100	
	较多	39.81	34.26	25.93	100	
	很多	46.15	41.03	12.82	100	
	合计	31.58	44.44	23.97	100	

从市场能力看，根据问卷调查结果，如表 5-8 所示，市场能力与回迁意愿的关系较为复杂，不同维度与回迁意愿的关系不一样。具体来看，受教育程度是初中及以下水平的居民，愿意全家回迁或部分回迁的比例达

85.91%，不愿回迁的比例则只有14.08%，而高中/中专文化水平的居民，不愿回迁的比例则为17.92%，大专及以上文化程度的居民不愿回迁的比例为25.61%。没有技能证书的居民，不愿回迁的比例为29.51%，高于有技能证书的居民。收入处于中下层、中上层、上层的居民不愿回迁的比例则相对较高，分别为28.18%、26.07%、28.09%，收入为下层以及中层的居民相对愿意迁回乡村，不愿回迁的比例较低，分别为19.49%、19.46%。不同职业阶层、是否有自有产权住房的居民在回迁意愿上则并无显著差异。家庭社会经济地位越高的居民，愿意回迁的比例则基本越高，例如社会经济地位处于下层的家庭，不愿回迁的比例为25.93%，而社会经济地位处于上层的家庭，不愿回迁的比例则为8.59%。从以上描述性分析可见，教育、收入与回迁意愿呈负相关，而家庭社会经济地位与回迁意愿呈正相关。之所以出现这样的结果，其原因可能是教育和收入更主要测量的是个人的能力，而家庭社会经济地位更侧重于家庭整体的背景，作用方向不一样。由此，可以进一步分析其全家回迁、部分回迁和不愿回迁的原因。

表5-8　市场能力与本地居民的回迁意愿

单位：%

变量	类别	全家回迁	部分回迁	不愿回迁	合计	差异性检验
受教育程度	初中及以下	32.39	53.52	14.08	100	$\chi^2 = 10.474$，$p < 0.05$，显著
	高中/中专	37.57	44.51	17.92	100	
	大专及以上	30.56	43.83	25.61	100	
	合计	31.58	44.44	23.97	100	
技能证书	没有	28.69	41.80	29.51	100	$\chi^2 = 5.095$，$p < 0.1$，显著
	有	32.24	45.05	22.71	100	
	合计	31.58	44.44	23.97	100	
收入阶层	下层	36.46	44.04	19.49	100	$\chi^2 = 16.164$，$p < 0.05$，显著
	中下	34.55	37.27	28.18	100	
	中层	35.29	45.25	19.46	100	
	中上	27.25	46.68	26.07	100	
	上层	28.46	43.45	28.09	100	
	合计	31.58	44.44	23.97	100	

变量	类别	全家回迁	部分回迁	不愿回迁	合计	差异性检验
职业阶层	普通职业	30.15	46.28	23.57	100	$\chi^2 = 1.867$，$p > 0.1$，不显著
	中间阶层	30.59	45.07	24.34	100	
	技术精英	33.4	42.49	24.12	100	
	合计	31.58	44.44	23.97	100	
自有产权住房	没有	31.74	45.65	22.61	100	$\chi^2 = 0.310$，$p > 0.1$，不显著
	有	31.55	44.19	24.26	100	
	合计	31.58	44.44	23.97	100	
家庭社会经济地位	下层	38.89	35.19	25.93	100	$\chi^2 = 39.461$，$p < 0.001$，显著
	中下	35.00	37.08	27.92	100	
	中层	27.48	45.22	27.30	100	
	中上	28.72	48.94	22.34	100	
	上层	43.56	47.85	8.59	100	
	合计	31.58	44.44	23.97	100	

（二）回迁意愿镜像

问卷调查结果表明，已经获得城镇户口或"农转非"的居民，如果条件允许，愿意全家回迁乡村的比例较高。调查的1314户人家中，31.58%愿意把全家户口迁回乡村，愿意把本人或配偶一方的户口迁回乡村的占44.44%，只有23.97%的本地居民愿意保留现在的城镇户口，不迁回乡村。愿意全家回迁到村里主要是觉得乡村土地值钱了（37.11%），然后是乡村生活压力小（20.72%）、乡村生活将来更有保障（17.11%）、乡村生活环境好（14.70%）、喜欢乡村生活（8.43%）等。实地调研也发现，发达地区非农化乡村对城镇人口具有很大的吸引力，不少以前已经把户口迁入城镇的人，都想着把户口迁回来。

座谈调研中，本地村民身份的镇干部Z18JX（男，镇经济发展和科技信息局负责人）介绍，由城镇回迁乡村的居民，表面上和村民一样都是城乡统一登记的居民户口，实际上在公安那里有备注，他仍然只是变更了居住地的城镇居民，村里一般不可能把股民享受的福利给他。

Z18JX 说：现在村里城乡统一登记户口下的居民户口，除股份制改革时的持股村民外，实际上还有两种身份，一个是股份制改革后的回迁居民，一个是股份制改革后的无股村民。大家都要慢慢淡化村民身份。回迁居民像持股村民一样也是实实在在的老村民，也可以在自己的宅基地上盖房。股份制改革以后新增加的农村户籍人口，实际上是没有股民身份的新村民。新村民可以继承迁出去了或已去世的长辈的股份，但不能继承迁出去了或已去世的长辈的宅基地，因为股份继承不等于宅基地也可以继承，宅基地所有权的名字是不能更改的，放在那里不动也永远是那个名字。回迁的居民，除了在村里原来有宅基地并且有名字的那些居民外，要盖房就需要在村里花钱买地，但不能买宅基地。现在村民户口很值钱，将来观念会改变……总的来说，现在对市民化的响应并不热烈，甚至是逆向而行。现在城镇居民户口的含金量也不高。我们现在的宅基地也不能卖给外来人口，但可以在村里流转。

事实上，要想变回村民户口或者说获得"村籍"是很难的，但为什么还是有那么多人想回迁呢？访谈调研中，本地居民 F14BG（男，居家老人）介绍道：你是说以前"农转非"的人迁回来住？迁回来住还是居民户口。我住在村里就是"农转非"的居民户口。他以前是这个村里出去工作甚至到外地工作的，把户口迁回村里还是居民户口，迁回来住也还是居民户口，没发现有谁把居民户口变回了原来的村民户口。像这种回迁，主要是有乡土情结，或者想落叶归根。至于农龄分红，也没多少钱，出去了的人应该不会在乎这些小钱。当然，农龄分红现在是以每个村的经济发达程度来定每年农龄的价值的。如果政策不变，将来农龄有升值的可能，这也许能够成为回迁的一个原因。至于宅基地，所有权在村集体，但使用权是属于个人的。如果回迁居民当年是村民拥有宅基地使用权时，在宅基地上盖了房子而且有了产权证，而且"农转非"时村里也没有收回宅基地购买他的房子，这种产权应该是仍然得到法律保护的。但假如有一天本村变成了城镇社区，需要拆迁掉他盖在原宅基地之上有产权证的房子，回迁居民应该同样可以像村民一样获得拆迁后的补偿。我不知道这样理解对不对。如果对，这也许也能够成为回迁的一个原因。

本地村民 F55CY（男，上门女婿）也说：现在哪个想转出去啊，现在他有分红，这两年我们村一个股民都是每年分 6000 元左右，2017 年村里卖个楼盘每个股民还分了 3 万元。2017 年像 GE 村，一个股民一年分了十几万元。现在那些居民都在迁回来。现在股民可以迁回来，那些教师、读书出去的都可以迁回来。他们为什么迁回来？将来制度改变了他们如果可以有分红呢？是不是在搏一搏呢？

从上述介绍可知，已经"村改居"或者获得城镇户口的居民，事实上是难以拿回"村籍"的，即使落户在村里，也无法享受集体分红等收益，因为回迁并不能获得股民身份，也不能买到宅基地建房子。之所以想回迁，还是基于居民对土地政策不确定性的感知，回迁居民中还保留宅基地的害怕在拆迁中损失利益，或者希望将来制度会改变，他们回迁后也可享受分红，反正没有坏处。

居民之所以选择部分回迁，在问卷中最主要的选项是能够享受城镇和乡村的双重福利，既可以享受城镇公共服务资源，又可以拥有乡村利益，占 64.38%；此外是部分居民认为乡村户口是一个退路，就业不好时可以回去（11.47%），还有部分居民本身并不愿意入户城镇，是为了子女入学才入户城镇的（8.05%），部分居民则是出于乡土情结，将来打算回乡村，所以要保留乡村户口（4.62%），6.68% 的居民则是因为城镇适合创业，乡村适合生活，2.57% 的居民则因乡村亲戚朋友多而选择回迁。不愿回迁的主要原因还是觉得乡村在公共服务资源、发展机会上与城镇有差距。不愿回迁的居民中，31.75% 是认为城镇医疗、教育资源好，22.54% 是认为城镇发展机会多，6.45% 是认为城镇社会保障好，9.84% 是认为乡村生活不便利，14.60% 是觉得不习惯乡村生活，其他占 14.92%。

（三）回迁意愿的决定模型

为进一步澄清影响城镇居民回迁意愿的机制，根据问卷调查结果，本书进一步建立了回迁意愿的多因素决策模型，模型拟合结果见表 5 –

9。从全家回迁与部分回迁的比较（模型15）看，控制其他变量后，收入阶层越高的居民，选择全家回迁的可能性越低（$b = -0.121$，$p < 0.05$），其他因素如制度环境、社会关系网络、除收入阶层外的其他市场能力均不起作用。从模型拟合结果看，何以选择全家回迁或部分回迁，并不能通过数据很好地反映出来。从全家回迁与不回迁的比较（模型16）看，控制其他变量后，有子女入学需求比没有子女入学需求的本地居民家庭，全家回迁乡村的可能性更大（$b = 0.480$，$p < 0.01$）；收入阶层越高的本地居民，全家回迁乡村的可能性越低（$b = -0.137$，$p < 0.05$）。居民在本地安家的亲戚、家人数量越多，居民也越愿意回迁乡村（$b = 0.170$，$p < 0.05$）。从部分回迁与不回迁的比较（模型17）看，控制其他变量后，有子女入学需求比没有子女入学需求的本地居民家庭，部分回迁乡村的可能性更大（$b = 0.465$，$p < 0.01$）。同样，市场能力显著影响他们的部分回迁选择：收入阶层越高（$b = -0.017$，$p < 0.05$）的居民，部分回迁的可能性也越小；家庭社会经济地位越高的居民，越倾向于选择部分回迁到乡村（$b = 0.105$，$p < 0.01$）。居民对本地非农化乡村邻里熟悉程度越高，部分回迁的可能性越大（$b = 0.233$，$p < 0.05$），在本地熟人、朋友数量越多，居民愿意部分回迁乡村的可能性越低（$b = -0.157$，$p < 0.05$）。

表 5-9　本地居民回迁意愿的决定因素模型

变量	全家回迁 VS 部分回迁（模型15）	全家回迁 VS 不回迁（模型16）	部分回迁 VS 不回迁（模型17）
个体特征因素			
男性（是=1，否=0）	0.078 (0.140)	0.026 (0.164)	-0.052 (0.154)
年龄	-0.008 (0.012)	-0.032* (0.013)	-0.024* (0.012)
在婚（是=1，否=0）	-0.229 (0.164)	-0.260 (0.195)	-0.031 (0.182)
健康水平	0.192 (0.141)	0.139 (0.172)	-0.053 (0.155)

续表

变量	全家回迁 VS 部分回迁（模型 15）	全家回迁 VS 不回迁（模型 16）	部分回迁 VS 不回迁（模型 17）
制度环境因素			
本地社保（有 = 1，没有 = 0）	0.037 （0.210）	0.037 （0.255）	0.0001 （0.239）
社会关系网络因素			
乡村邻里熟悉程度	− 0.024 （0.095）	0.210 （0.109）	0.233 * （0.101）
本地熟人、朋友数量	0.088 （0.069）	− 0.069 （0.080）	− 0.157 * （0.076）
在本地安家的亲戚、家人数量	0.096 （0.071）	0.170 * （0.084）	0.074 （0.080）
子女入学（是 = 1，否 = 0）	0.016 （0.161）	0.480 ** （0.182）	0.465 ** （0.168）
市场能力因素			
受教育程度（参照组：初中及以下）			
高中/中专	0.311 （0.350）	− 0.036 （0.496）	− 0.348 （0.469）
大专及以上	0.131 （0.317）	− 0.618 （0.452）	− 0.749 （0.425）
技能证书（有 = 1，没有 = 0）	0.056 （0.187）	0.272 （0.208）	0.216 （0.190）
收入阶层	− 0.121 * （0.050）	− 0.137 * （0.060）	− 0.017 * （0.057）
职业阶层	0.091 （0.053）	0.020 （0.062）	− 0.071 （0.058）
自有产权住房（有 = 1，没有 = 0）	− 0.096 （0.190）	− 0.215 （0.224）	− 0.119 （0.210）
家庭社会经济地位	− 0.041 （0.035）	0.065 （0.042）	0.105 ** （0.040）
常数项	− 0.534 （0.712）	0.675 （0.881）	1.209 （0.813）
样本量（N）	1277	1277	1277
pseudo R^2	0.032	0.032	0.032

注：括号内为稳健标准误，显著性水平 + $p < 0.1$、* $p < 0.05$、** $p < 0.01$、*** $p < 0.001$。

通过分析回迁意愿影响因素的数据结果发现了一个令人迷惑的现象，即居民为了子女入学而想迁回乡村（不管是全部回迁还是部分回迁），而在通常情况下理应是村民为了子女入学而入户城镇才对，那该如何去理解这一结果呢？对此可能的解释是：其一，发达地区非农化乡村的学校水平建设不低；其二，子女入学只是幌子，其背后是想通过回迁到非农化乡村，从而看是否能为子女谋求"村籍"，从而享受"村籍"带来的福利。

（四）城乡关系转型与"逆市民化"

通过以上实证分析可以发现，本地居民中有较大比例想回迁乡村，表面上是一种"逆城市化"或"逆城镇化"的现象，然而通过分析其内在逻辑可知，这并非西方学术界所定义的"逆城市化"，促使他们做出这种选择的力量并非城镇发展中各种问题导致的推力，而是非农化乡村富裕后带来的拉力，因为发达地区非农化乡村村民在享受与城镇一样的基本公共服务的同时，通常还拥有宅基地、土地、集体分红，以及村集体带来的其他福利。发达地区城乡之间的关系逐渐从城乡失衡过渡到城乡一体化，甚至乡村比城镇更优。"当上城里人，吃上商品粮，住上高楼房，看病有报销，退休有劳保"曾经是村民的梦想，但随着乡村的振兴以及村民生活水平的不断提高，城乡关系发生了重大转型，这一转型重塑了本地城乡人口的户籍观念和社会行动逻辑。因此，发达地区非农化乡村的"逆城镇化"并非西方意义上的"逆城市化"。

三　外来常住人口的选择性市民化

（一）制度、常住地、个体与入户选择

一是从制度环境看，根据问卷调查数据，如表 5 - 10 所示，外来常住人口是否有拥有居住证、户籍性质是乡村还是城镇在入户选择上存在显著差别，但有无常住地本地社保则在入户选择上无显著差别。具体来

看，有居住证的外来常住人口，总体上有更高的入户意愿。有 47.79%
的外来常住人口倾向于全家入户常住地，38.84% 的人愿意自己或者配
偶部分入户常住地，只有 13.37% 的人不愿入户常住地。没有居住证
的外来常住人口中，愿意全家入户常住地的比例为 39.08%，愿意部分
入户常住地的占 38.45%，明确表示不愿入户常住地的占 22.48%。
比较而言，有居住证的外来常住人口，更倾向于入户常住地。有本地社
保的外来常住人口与没有本地社保的外来常住人口，在入户选择上并无
显著差别。常住地外来村民，愿意全家入户常住地的比例为 38.25%，
愿意家庭成员部分入户常住地的比例为 42.57%，不愿入户的占
19.18%，相比较而言，常住地外来居民，愿意全家入户常住地的比例
为 55.33%，远高于常住地外来村民，选择家庭成员部分入户常住地的
比例（32.83%）则低于常住地外来村民，不愿入户常住地的比例
（11.84%）亦低于常住地外来村民。这表明，代表制度环境的居住证
制度、社会保障制度和户籍制度与市民化意愿的选择存在某种相关关
系，需要进一步厘清。

表 5-10 居住证、本地社保与外来常住人口的入户选择

变量	类别	全家入户	部分入户	不愿入户	合计	差异性检验
居住证	没有	186（39.08%）	183（38.45%）	107（22.48%）	476（100%）	$\chi^2 = 22.001$,$p < 0.001$,显著
	有	486（47.79%）	395（38.84%）	136（13.37%）	1017（100%）	
	合计	672（45.01%）	578（38.71%）	243（16.28%）	1493（100%）	
本地社保	没有	265（45.45%）	215（36.88%）	103（17.67%）	583（100%）	$\chi^2 = 2.012$,$p > 0.1$,不显著
	有	407（44.73%）	363（39.89%）	140（15.38%）	910（100%）	
	合计	672（45.01%）	578（38.71%）	243（16.28%）	1493（100%）	

变量	类别	全家入户	部分入户	不愿入户	合计	差异性检验
户籍性质	外地乡村	345 （38.25%）	384 （42.57%）	173 （19.18%）	902 （100%）	$\chi^2 = 43.711$, $p < 0.001$, 显著
	外地城镇	327 （55.33%）	194 （32.83%）	70 （11.84%）	591 （100%）	
	合计	672 （45.01%）	578 （38.71%）	243 （16.28%）	1493 （100%）	

二是从老家乡村利益看，根据问卷调查数据，如表5－11所示，土地权益中宅基地的拥有与入户选择存在相关关系，表现为相比老家有宅基地的外来常住人口，老家没有宅基地的外来常住人口，全家入户常住地的比例更高，达51.00%，而前者只有41.01%；家庭成员部分入户常住地的比例则更低，为34.28%，前者为41.68%；不愿入户常住地的比例为14.72%，也低于有宅基地的外来常住人口。由此可见，老家乡村的宅基地是影响外来常住人口入户常住地城镇的重要拉力因素。外来常住人口在老家是否有土地、是否有集体分红，则与入户选择无显著相关，群体之间入户选择无差别。

表5－11　老家乡村利益与外来常住人口的入户选择

单位：%

变量	类别	全家入户	部分入户	不愿入户	合计	差异性检验
老家土地	没有	45.42	37.62	16.96	100	$\chi^2 = 0.494$, $p > 0.1$, 不显著
	有	44.80	39.29	15.92	100	
	合计	45.01	38.71	16.28	100	
老家宅基地	没有	51.00	34.28	14.72	100	$\chi^2 = 14.517$, $p < 0.001$, 显著
	有	41.01	41.68	17.32	100	
	合计	45.01	38.71	16.28	100	
老家集体分红	没有	45.62	37.81	16.57	100	$\chi^2 = 1.229$, $p > 0.1$, 不显著
	有	43.57	40.86	15.58	100	
	合计	45.01	38.71	16.28	100	

　　三是从社会关系网络看，根据问卷调查数据，如表 5 - 12 所示，外来常住人口入户选择与外来居民对常住地的熟悉程度，常住地熟人、朋友数量，日常社会交往有关。具体表现为：外来常住人口对常住地越熟悉，愿意全家入户常住地的比例越高，不愿入户常住地的比例越低，例如对常住地不太熟悉的外来常住人口，愿意全家入户的比例为41.07%，不愿入户的比例为 19.25%，相比较而言，对常住地比较熟悉的外来常住人口，愿意全家入户常住地的比例更高，为49.03%，不愿入户常住地的比例则更低，只有 11.69%。外来常住人口在常住地熟人、朋友数量的多少，与入户选择之间存在相关关系，总体上表现为数量越多，愿意入户的比例越低，如常住地熟人、朋友数量很多的外来人口，不愿入户的比例最高，为 33.33%。外来常住人口在常住地安家的亲戚、家人数量多寡与入户选择没有显著的关系。外来常住人口日常社会交往中如果以常住地本地人为主，则愿意全家入户常住地的比例最高，为 50.68%，不愿入户的比例最低，为 9.54%。由此可见，外来常住人口社会关系方面的嵌入有助于提高其市民化意愿。

　　四是从家庭因素和市场能力看，根据问卷调查数据，如表 5 - 13 所示，家庭里面有子女入学或将要入学的外来常住人口家庭愿意全家入户城镇的比例高于没有子女入学或将要入学的家庭，不愿入户的比例则更低，为 13.37%。可见，外来常住人口的入户选择是以家庭为决策单位的，这与新移民经济学的观点一致。

表 5 - 12　社会关系网络与外来常住人口的入户选择

单位：%

变量	类别	全家入户	部分入户	不愿入户	合计	差异性检验
对常住地的熟悉程度	不太熟悉	41.07	39.68	19.25	100	$\chi^2=10.060$，$p<0.05$，显著
	一般熟悉	46.11	37.74	16.15	100	
	比较熟悉	49.03	39.29	11.69	100	
	合计	45.01	38.71	16.28	100	

变量	类别	全家入户	部分入户	不愿入户	合计	差异性检验
常住地熟人、朋友数量	数很少	43.11	39.37	17.52	100	$\chi^2 = 15.704$, $p < 0.05$, 显著
	较少	47.25	38.55	14.20	100	
	中等	50.32	38.71	10.97	100	
	较多	46.94	38.78	14.29	100	
	很多	41.03	25.64	33.33	100	
	合计	45.01	38.71	16.28	100	
在常住地安家的亲戚、家人数量	很少	43.76	39.44	16.80	100	$\chi^2 = 9.098$, $p > 0.1$, 不显著
	较少	45.80	40.34	13.87	100	
	中等	52.17	30.43	17.39	100	
	较多	58.49	30.19	11.32	100	
	很多	45.00	30.00	25.00	100	
	合计	45.01	38.71	16.28	100	
日常社会交往	同乡	44.75	38.58	16.67	100	$\chi^2 = 25.545$, $p < 0.001$, 显著
	本地人	50.68	39.78	9.54	100	
	其他外地人	42.68	39.84	17.48	100	
	很少与人来往	39.22	36.21	24.57	100	
	合计	45.01	38.71	16.28	100	

表 5-13　是否有子女入学或将要入学与外来常住人口的入户选择

单位：%

子女入学	全家入户	部分入户	不愿入户	合计	差异性检验
否	41.59	38.64	19.76	100	$\chi^2 = 12.508$, $p < 0.01$, 显著
是	47.85	38.77	13.37	100	
合计	45.01	38.71	16.28	100	

如表 5-14 所示，受教育程度不同的外来常住人口，在入户选择上存在显著差异。初中及以下受教育程度的外来常住人口，不愿入户的比例为 31.72%，高中/中专不愿入户的比例为 18.32%，大专及以上不愿入户的比例为 13.45%。有技能证书的外来常住人口，愿意全家入户常住地的比例高于没有技能证书的外来常住人口，不愿入户的比例则低于没有技能证书的外来常住人口。收入阶层越高的常住外来人口，愿意全

家入户城镇的比例也越高，而不愿入户的比例则越低，例如收入阶层属于下层的外来常住人口，愿意全家入户的比例为39.11%，不愿入户的比例为23.51%，而收入阶层属于上层的外来常住人口，愿意全家入户的比例为50.00%，不愿入户的比例则为10.92%。有自有产权住房的外来常住人口，愿意全家入户的比例比没有自有产权住房的更高，不愿入户的比例更低。家庭社会经济地位越高的外来常住人口，愿意全家入户常住地的比例也越高。总体而言，外来常住人口市场能力越强，市民化能力越强，其市民化意愿也更高、更彻底。

表5-14 市场能力与外来常住人口的入户选择

单位：%

变量	类别	全家入户	部分入户	不愿入户	合计	差异性检验
受教育程度	初中及以下	37.24	31.03	31.72	100	$\chi^2 = 34.878$, $p < 0.001$, 显著
	高中/中专	40.37	41.30	18.32	100	
	大专及以上	47.56	38.99	13.45	100	
	合计	45.01	38.71	16.28	100	
技能证书	没有	37.16	42.81	20.03	100	$\chi^2 = 25.618$, $p < 0.001$, 显著
	有	50.06	36.08	13.86	100	
	合计	45.01	38.71	16.28	100	
收入阶层	下层	39.11	37.38	23.51	100	$\chi^2 = 32.773$, $p < 0.001$, 显著
	中下	40.78	41.75	17.48	100	
	中层	44.26	41.55	14.19	100	
	中上	51.84	36.12	12.04	100	
	上层	50.00	39.08	10.92	100	
	合计	45.01	38.71	16.28	100	
职业阶层	普通职业	41.31	39.95	18.74	100	$\chi^2 = 20.158$, $p < 0.001$, 显著
	中间阶层	48.34	34.60	17.06	100	
	技术精英	51.52	38.13	10.35	100	
	合计	45.01	38.71	16.28	100	
自有产权住房	没有	42.45	38.77	18.79	100	$\chi^2 = 16.460$, $p < 0.001$, 显著
	有	50.31	38.60	11.09	100	
	合计	45.01	38.71	16.28	100	

变量	类别	全家入户	部分入户	不愿入户	合计	差异性检验
	下层	36.65	37.45	25.90	100	
	中下	41.00	40.66	18.34	100	$\chi^2 = 43.451$,
家庭社会经济地位	中层	51.50	36.87	11.62	100	$p < 0.001$,
	中上	51.20	41.60	7.20	100	显著
	上层	55.00	32.50	12.50	100	
	合计	45.01	38.71	16.28	100	

（二）外来常住人口入户选择分化镜像

按照现有入户政策，一人入户后，子女、家人可以办理随迁。子女的户口在随迁的配偶的户口本上，则配偶需要一同随迁。在实践中，出现了一些新现象，部分外来常住家庭夫妻一方只有一个人入户常住地，然后配偶户口保留在乡村，形成了"一家两户"或"一家两制"这种部分入户现象。

从调查数据和访谈看，外来常住人口中选择部分入户常住地的比例还不低。根据问卷调查数据，如表 5-15 所示，外来常住人口选择入户常住地主要还是因为常住地发展机会多，这一比例达到 49.55%，排在第二位的是因为常住地医疗、教育资源好，吸引了外来常住人口入户，这一占比为 32.89%，出于常住地社会保障好而选择入户常住地的占7.59%，因习惯常住地生活而选择入户常住地的占 5.21%。由此可见，发达地区非农化乡村因为有更好的就业机会和公共服务对外来常住人口形成了拉力，吸引了部分人选择入户常住地。

表 5-15　外来常住人口何以选择入户常住地

单位：%

何以选择入户常住地	频数	百分比
常住地发展机会多	333	49.55
常住地医疗、教育资源好	221	32.89
常住地社会保障好	51	7.59

续表

何以选择入户常住地	频数	百分比
常住地生活不便利	9	1.34
习惯常住地生活	35	5.21
其他	23	3.42
合计	672	100

根据问卷调查数据，如表 5-16 所示，外来常住人口之所以选择核心家庭成员部分入户城镇，主要在于"脚踏两条船"，既可以享受城镇公共服务资源，又可以拥有乡村利益，这一占比为 39.27%。此外是 21.28% 的人把乡村当成避风港，认为乡村户口是一个退路，就业不好时可以回去。14.19% 的外来常住人口是为了子女入学才入户城镇的，本质上他们并不想入户城镇。9.69% 的外来常住人口选择家庭成员部分入户是因为将来打算回乡村，所以要保留乡村户口，不能完全放弃乡村户口。还有 9.17% 的外来常住人口认为城镇适合创业，乡村适合生活，因而两边户口都想占有。只有极少数人是舍不得乡村的社会关系网络而选择保留部分成员的乡村户口性质（乡村亲戚朋友多，占 2.08%）。据某镇干部 Z16GA（女，镇公安分局代表）介绍，外来人口入户常住地更主要的是为了子女入学，且指出外来人口入户通常选择"一家两户"这种形式，即夫妻双方留一个人的户口在老家，另一方带着孩子把户口迁入当地。外地人入籍一般没有名额限制。外地人迁过来一般不会举家迁移，多是为了子女读书迁一个人过来，留一个人在老家，留下退路，也多是一个家庭两种户籍。

表 5-16　外来常住人口何以选择部分入户

单位：%

何以选择部分入户	频数	百分比
既可以享受城镇公共服务资源，又可以拥有乡村利益	227	39.27
乡村户口是一个退路，就业不好时可以回去	123	21.28
为了子女入学才入户城镇的	82	14.19

续表

何以选择部分入户	频数	百分比
将来打算回乡村，所以要保留乡村户口	56	9.69
乡村亲戚朋友多	12	2.08
城镇适合创业，乡村适合生活	53	9.17
其他	25	4.33
合计	578	100

在个案访谈中，大部分人提到选择"一家两户"是"为了子女入学""家里土地不能放弃""家里留个窝，哪天混不下去了就回去"等。从外来常住人口的回答中，可以看出，子女入学、职业周期（老了回家、避风港）、城镇—乡村福利优势互补和文化适应是他们选择"一家两户"的主要影响因素。

各个城镇所拥有的财政能力和需要解决的随迁子女入学需求之间往往存在差距，并不能为所有随迁子女提供均等的义务教育。实证调研发现，在某市，提供的义务教育学位难以满足随迁子女的需要，要入读常住地公办学校，外来常住人口家庭要么通过入户方式，成为常住地户籍人口，要么通过积分入学的方式，通过积分排名来让自己的子女入读公办学校。然而通过积分入学的方式就读公办学校，存在升学上与本地户籍考生不一样的待遇。在另一市，积分入学的学生需要比本地户籍学生考更高的分数才能被同样的高中录取；父母为了子女入读公立学校和将来升学上不会存在差异，最好的方式就是入户本地城镇。

其他因素还有不少，如乡村利益影响。随着城镇化的加快，附加在乡村户口上的土地、宅基地近年来在房价上涨、土地升值背景下，其价值也越来越得到人们的重视。特别是在城镇化过程中，城郊区的农民对征地补偿普遍存在较高期望，期望获得与城市地区功能、与市场价值相匹配的补偿。① 外来常住人口为了保障自己的利益不会因为户口而产生

---

① 陈世栋、罗忱：《都市边缘区农民对土地征用的补偿预期及共享机制》，《上海城市管理》2017年第4期，第76~81页。

风险，纷纷不愿意把户口迁出乡村，以土地产权分享城镇化红利的意识日渐高涨。尽管 2014 年出台的《国务院关于进一步推进户籍制度改革的意见》已明确规定不得以退出土地承包经营权、宅基地使用权、集体收益分配权作为农民进城落户的条件，但是外来常住人口对国家政策了解有限，入户城镇就得放弃乡村土地的观念并没有扭转过来。更为深层次的因素在于他们难以把握未来政策变动风险的不确定性。如果全家入户城镇很可能在将来失去家乡的土地收益；作为家庭决策，夫妻双方保留一方户口在乡村，失去土地收益的风险更小。

又如乡村可以成为职业风险的避风港。部分外来常住人口觉得在城镇里赚钱还是比较容易的，所以为了发展的需要，将来可能还是要常住城镇，但不会全家入户城镇。如访谈中有个案谈到，子女入学是在常住地入户的最主要因素，至于为什么要保留乡村户口，则是因为将来生意或就业不好时，老家可以提供一个避风港，有一条退路。这就反映了外来常住人口普遍对未来职业存在担忧，对失业风险的焦虑使得他们在考虑经济收益的时候，也要考虑怎样把控风险，把生存作为底线，而保留乡村户口使得他们在心理上有所依靠，默认乡村能成为他们的"避风港"。

还有文化适应与乡土情结问题。乡土对中国人有着重要的意义，每个人的心灵深处都潜藏着对家乡的眷恋，荣归故里、衣锦还乡或叶落归根反映了中国人安土重迁的传统社会心理。[①] 受中国传统文化、个体选择以及制度性因素的影响，外来常住人口在劳动力生命周期结束后，选择返回家乡所在地。在调查中，部分外来常住人口就认为城镇适合创业，乡村适合生活，将来打算回家乡发展。

选择"一家两户"的外来常住人口，无论是为了土地收益、规避职业风险还是文化适应愿意保留乡村户口，本质上都在于他们自身并不是多想入户城镇，只是随着家庭生命周期中子女入学事件变得越来越重

---

① 李国恩：《安土重迁：中国人稳定性的传统社会心理》，《济南大学学报》2000 年第 4 期，第 14～18 页。

要，作为家长的他们，在现有制度背景下，为了子女享有完整的受教育权和发展权，他们只能选择入户。"安全第一"是斯科特在《农民的道义经济学：东南亚的反叛与生存》中关于道义小农的核心表述，其认为生存伦理是小农经济行动的基本原则，小农选择相对稳定的生存策略以回避灾难。[①] 从本课题组的访谈资料中可以看出，传统的农耕文化、生存伦理依然是外来常住人口诸多社会经济行动考量的重要因素。出于安全第一的考虑，为规避土地产权不确定带来的风险他们选择了保留部分家庭成员的家乡户口，以保证土地权益的延续。外来常住人口同时也把家乡土地作为避风港，以应对城镇劳动力市场风险，老家是一个退路，就业不好时可以回去。如果外来常住人口家庭完全放弃家乡土地的承包经营权，入户城镇并在城镇打工，那么当其面临失业或工资下降风险时，将没有退路可走，这种风险随时会使家庭陷入生存的困境；而如果在家乡还有土地承包权，理论上在城镇生活不下去的时候可以回到故乡从事农业，最基本的生存就有了保障。从这里也可以看出，外来常住人口的入户行动逻辑中有深深的小农"安全第一"的烙印。

根据问卷调查数据，如表 5-17 所示，外来常住人口中的部分外来村民，不愿入户常住地的影响因素多种多样，其中排在前三位的分别是为了保留老家乡村土地和宅基地（42.80%）、在城镇买不起房（38.27%）、常住地户口并没有什么特别的好处（35.80%），排在第四位的是在常住地生活成本高（31.69%），第五位的是习惯老家乡村生活方式（23.87%），第六位的是因工作收入低而不愿入户常住地（25.10%）。因老家有家人需要照顾而不愿入户的占 24.69%，因想给自己及子女留一条退路而不愿入户的占 23.46%；因在常住地工作不太稳定而不愿入户的占 21.81%；因小孩入学难而不愿入户常住地的占 20.16%；为了乡村户口的农业补贴和为了老家集体分红而不想放弃老家乡村户口入户常住地的分别占 16.87%、15.23%。如表 5-18 所示，基于主成分分析

① 〔美〕詹姆斯·C. 斯科特：《农民的道义经济学：东南亚的反叛与生存》，程立显、刘健等译，译林出版社，2001，第 30 页。

结果发现可以提取两个主成分因子,解释比例为 55.05%。根据其在各变量上的负载系数及反映变量的属性,如表 5 – 19 所示,可以将因子 1 命名为成本因子,因子 2 命名为收益因子,主要是乡村的收益。可见,影响常住地外来村民市民化的主要考虑还是成本和收益。

表 5 – 17 外来村民何以不愿入户常住地

单位:%

变量	频数	权重百分比	百分比	重要性排序
为了保留老家乡村土地和宅基地	104	12.78	42.80	1
在城镇买不起房	93	11.43	38.27	2
常住地户口并没有什么特别的好处	87	10.69	35.80	3
常住地生活成本高	77	9.46	31.69	4
习惯老家乡村生活方式	58	7.13	23.87	5
工作收入低	61	7.49	25.10	6
家人需要照顾	60	7.37	24.69	7
给自己及子女留一条退路	57	7.00	23.46	8
工作不太稳定	53	6.51	21.81	9
小孩入学难	49	6.02	20.16	10
为了乡村户口的农业补贴	41	5.04	16.87	11
为了老家集体分红	37	4.55	15.23	12
其他	37	4.55	15.23	13
合计	814	100		

表 5 – 18 不愿入户因子分析（主成分）

因子	方差	差异	比例	累计比例
因子 1	4.27644	1.39657	0.3290	0.3290
因子 2	2.87987	.	0.2215	0.5505

表 5 – 19 旋转因子负荷（模式矩阵）和方差不齐性

变量	因子 1	因子 2	方差不齐性
为了保留老家乡村土地和宅基地	0.2478	0.7619	0.3581
在城镇买不起房	0.8350	0.1678	0.2747

变量	因子 1	因子 2	方差不齐性
常住地户口并没有什么特别的好处	0.2974	0.5921	0.5610
常住地生活成本高	0.7473	0.2303	0.3886
习惯老家乡村生活方式	0.4549	0.4363	0.6027
工作收入低	0.7947	0.1035	0.3577
家人需要照顾	0.7405	0.1966	0.4131
给自己及子女留一条退路	0.3845	0.5831	0.5122
工作不太稳定	0.7681	0.1330	0.3923
小孩入学难	0.7841	0.1854	0.3509
为了乡村户口的农业补贴	0.0773	0.7996	0.3547
为了老家集体分红	0.0980	0.7432	0.4380
其他	0.3408	0.2101	0.8397

事实上，外来常住人口市民化选择除了考虑现实的成本与收益之间的平衡外，还要考虑未来的发展前景。如果未来发展好，也许当前的困难并不会对其市民化选择造成困扰。根据问卷调查结果，如表 5 - 20 所示，外来常住人口对常住地未来发展的信心越足，其不愿入户的比例就越低。对未来信心十足的外来常住人口，愿意全家入户的比例为54.45%，不愿入户的比例只有13.35%。相比而言，对常住地发展没有信心的外来常住人口，愿意全家入户的比例则相对较低，只有40.82%，不愿入户的比例则较高，为18.37%。

表 5 - 20　外来常住人口对常住地未来发展的信心与入户选择

单位：%

对未来信心	全家入户	部分入户	不愿入户	合计	差异性检验
信心十足	54.45	32.20	13.35	100	
信心较大	45.13	40.82	14.04	100	$\chi^2 = 68.196$，$p < 0.001$，显著
信心较小	36.59	45.53	17.89	100	
没有信心	40.82	40.82	18.37	100	
没有想过	27.54	28.99	43.48	100	
合计	45.01	38.71	16.28	100	

（三）外来常住人口选择性入户的决定因素

根据问卷调查数据，如表 5 - 21 所示，比较外来常住人口全家入户与不入户的选择（模型 18），从制度环境看，户籍制度依旧是影响外来人口入户选择的重要因素，户籍性质为城镇的外来常住人口更倾向于全家入户常住地（$b = 0.519$，$p < 0.01$）；居住证制度的实施可以提高外来常住人口的市民化意愿，表现为有居住证的外来常住人口更倾向于全家入户常住地（$b = 0.419$，$p < 0.05$）；社保制度的实施降低了外来常住人口全家入户常住地的意愿（$b = -0.460$，$p < 0.05$），拥有常住地社保后，外来常住人口最迫切的医疗、教育需求通常被满足，通过获得户籍的方式来获得这些保障的可能性就降低了。老家乡村利益对市民化具有显著的拉力作用：老家有土地和集体分红的外来常住人口，更不愿入户常住地（系数分别为 -0.422 和 -0.517，且均在 0.05 水平显著）。常住地社会关系网络对外来常住人口选择全家入户还是不入户无显著影响。家庭生命周期中的子女入学事件对外来常住人口家庭全家入户选择有显著影响，相比不入户，有子女入学需求的家庭更愿意全家入户常住地（$b = 0.332$，$p < 0.05$）。市场能力的提升有助于提高外来常住人口全家入户常住地的意愿。具体来看，收入阶层越高，居民更倾向于全家入户（$b = 0.142$，$p < 0.05$），家庭社会经济地位越高，外来常住人口也越倾向于全家入户（$b = 0.135$，$p < 0.01$）；常住地方言熟悉程度越高，外来常住人口越倾向于全家入户常住地（$b = 0.342$，$p < 0.001$）。此外，外来常住人口对常住地未来发展的信心越大，越倾向于全家入户。

比较外来常住人口部分入户与不入户的选择（模型 19），从制度环境看，户籍制度、居住证制度和社保制度对外来常住人口选择部分入户还是不入户并无显著影响，此外老家乡村利益、常住地社会关系网络（除日常社会交往外）皆无显著影响。因此，需要寻找其他的因素。外来常住人口的日常社会交往对其是否部分入户有影响，与常住地本地人交往可以提高其部分入户的可能性（$b = 0.474$，$p < 0.05$）。家庭生命周期中的子女入学事件对外来常住人口家庭部分入户选择有显著影响，相比不入户，有子女入学需求的家庭更愿意选择家庭成员部分入户常住地（$b = 0.279$，$p < 0.05$）。市场能力中受教育程度的提高有助于推动外来常住人口选择部分入户常住地；外来常住人口对常住地方言熟悉程度越高，越倾向于部分入户常住地（$b = 0.208$，$p < 0.05$）。此外，外来常住人口对常住地未来发展的信心越大，越倾向于部分入户。

比较外来常住人口全家入户与部分入户选择（模型20），从制度环境看，户籍制度和社保制度是影响外来常住人口选择全家入户还是部分入户的重要因素，相比乡村户籍，城镇户籍外来常住人口全家入户常住地的机率大于部分入户常住地的机率（$b = 0.463$，$p < 0.001$）；社保制度的覆盖降低了外来常住人口完全市民化的意愿，相比没有常住地社保的外来常住人口，有常住地社保的外来常住人口选择全家入户常住地的机率低于选择部分入户的机率（$b = -0.286$，$p < 0.05$），拥有常住地社保后基本公共服务需求被满足，入户带来的相对价值降低了。老家乡村利益中土地利益的羁绊会降低外来常住人口全家入户的可能性，提高其部分入户的可能性（$b = -0.416$，$p < 0.01$），其他乡村利益和常住地社会关系网络对全家入户还是部分入户的选择并无显著影响。家庭生命周期中的子女入学事件对外来常住人口家庭全部入户还是部分入户选择没有显著影响。市场能力中技能水平的提高有助于推动外来常住人口选择全家入户，相比没有技能证书的外来常住人口，有技能证书的外来常住人口选择全家入户常住地的机率要高于选择部分入户的机率（$b = 0.274$，$p < 0.05$）。外来常住人口对常住地未来发展的信心越大，越倾向于全家入户（$b = 0.204$，$p < 0.01$）。由此可见，制度、常住地、个体三者共同形塑了外来常住人口家庭的市民化选择，不同选择背后三者的作用力不一样。

表 5 - 21　外来常住人口入户常住地意愿的影响因素模型

变量	全家入户 VS 不入户（模型 18）	部分入户 VS 不入户（模型 19）	全家入户 VS 部分入户（模型 20）
个体特征因素			
男性（是 = 1，否 = 0）	- 0.579 **	- 0.423 *	- 0.157
	(0.179)	(0.177)	(0.132)
年龄	- 0.028 *	- 0.026	- 0.002
	(0.014)	(0.014)	(0.011)
在婚（是 = 1，否 = 0）	- 0.029	- 0.113	0.084
	(0.204)	(0.205)	(0.150)
健康水平	- 0.001	- 0.129	0.128
	(0.178)	(0.173)	(0.136)
来常住地时长	0.006	0.092	- 0.086
	(0.083)	(0.082)	(0.062)
制度环境因素			
户籍性质（城镇 = 1，乡村 = 0）	0.519 **	0.056	0.463 ***
	(0.187)	(0.190)	(0.131)
居住证（有 = 1，没有 = 0）	0.419 *	0.292	0.127
	(0.186)	(0.184)	(0.145)
常住地社保（有 = 1，没有 = 0）	- 0.460 *	- 0.175	- 0.286 *
	(0.186)	(0.184)	(0.136)
老家乡村利益			
老家宅基地（有 = 1，没有 = 0）	0.200	- 0.031	0.231
	(0.214)	(0.213)	(0.155)
老家土地（有 = 1，没有 = 0）	- 0.422 *	- 0.005	- 0.416 **
	(0.214)	(0.214)	(0.156)
老家集体分红	- 0.517 *	- 0.265	- 0.252
	(0.205)	(0.201)	(0.149)
常住地社会关系网络因素			
邻里熟悉程度	- 0.011	0.001	- 0.013
	(0.127)	(0.127)	(0.091)
常住地熟人、朋友数量	- 0.080	- 0.074	- 0.006
	(0.096)	(0.095)	(0.071)
在常住地安家的亲戚、家人数量	0.045	- 0.078	0.122
	(0.119)	(0.120)	(0.088)

变量	全家入户 VS 不入户（模型18）	部分入户 VS 不入户（模型19）	全家入户 VS 部分入户（模型20）
日常社会交往（参照组：同乡）			
本地人	0.456 (0.234)	0.474* (0.235)	−0.018 (0.149)
外地人（非同乡）	−0.066 (0.231)	−0.054 (0.228)	−0.012 (0.174)
很少与人来往	−0.085 (0.233)	−0.200 (0.230)	0.115 (0.190)
子女入学（是=1，否=0）	0.332* (0.182)	0.279* (0.181)	0.053 (0.136)
市场能力因素			
受教育程度（参照组：初中及以下）			
高中/中专	0.409 (0.294)	0.734* (0.289)	−0.324 (0.260)
大专及以上	0.469 (0.278)	0.784** (0.276)	−0.315 (0.247)
技能证书（有=1，没有=0）	−0.024 (0.182)	−0.298 (0.180)	0.274* (0.135)
收入阶层	0.142* (0.069)	0.106 (0.069)	0.036 (0.050)
职业阶层	0.125 (0.075)	0.092 (0.076)	0.033 (0.051)
自有产权住房（有=1，没有=0）	0.197 (0.211)	0.196 (0.211)	0.001 (0.145)
家庭社会经济地位	0.135** (0.052)	0.095 (0.051)	0.040 (0.038)
常住地方言熟悉程度	0.342*** (0.099)	0.208* (0.097)	0.134 (0.076)
对常住地未来发展的信心	0.247** (0.086)	0.043 (0.083)	0.204** (0.067)
常数项	0.475 (0.954)	0.779 (0.930)	−0.304 (0.747)
样本量（N）	1472	1472	1472
pseudo R^2	0.069	0.069	0.069

注：括号内为稳健标准误，显著性水平 $^+p<0.1$、$^*p<0.05$、$^{**}p<0.01$、$^{***}p<0.001$。

四 选择性市民化反思

城乡关系转型也导致不同类型常住人口的市民化机制发生了变化。城乡关系转型前，城镇比乡村具有更大的优势，户籍制度是影响村民入户城镇的主要机制，市民化身份的获得主要通过积分入户等筛选机制。近年来，精准扶贫和乡村振兴战略形塑了农村劳动力人口的流动，其结果是市场力量导致的农村劳动力流出和流入的马太效应被国家新农村建设政策反向修订，经济发展程度越好的村庄，其已流动的人口越倾向于选择回流。① 随着市场力量的逐步扩张、土地价值的放大，此时，市民化同时体现了"国家"和"市场"两种力量的联盟，国家行政力量和市场机制对村民的入户选择产生重要影响，共同塑造了城镇社会秩序。获得市民身份的是那些经济发达的城郊村和那些人力资本较高的农民工群体。可以说，在入户选择上呈现了双重体系：市场机制提高了乡村土地的价值和集体经济收入，为了实现利益最大化，部分本地村民不愿意转变村民身份；对部分外来村民而言，市场机制提供了更好的发展机会，希望入户常住地，但入户需要市场能力的支撑；福利机制意义非凡，无论是本地村民和还是外来村民，保留乡村的制度红利似乎是最佳选择。除传统城镇社区居民外，"农转非"是城镇化过程中在政府政策性激励和村民自致性努力共同作用下发生在部分原村民身上的市民化身份变革。"农转非"后，一部分居民进入城镇学习、工作和生活，接受了市民化的洗礼，完成了市民化的历程；而另一部分居民则始终在乡村学习、工作和生活，除了在身份上被贴上了城镇居民的标签外，在其他方面总体上与转型村民没有多大区别。因此，转型居民及其他居民群体也出现了市民化进程中的选择分化现象，其中部分人甚至出现了非西方意义上的"逆市民化"现象。关于发达地区城乡基层不同类型常住人

---

① 梁玉成、刘河庆：《新农村建设：农村发展类型与劳动力人口流动》，《中国研究》2015年第 1 期，第 6 ~ 25 页。

口的群体特征与选择性市民化概况，本课题组的研究结论见表 5 – 22。但无论是哪一种选择，市场能力的提升都可以促进他们的完全市民化意愿。因此，发达地区非农化乡村常住人口市民化选择的分化以及群体之间的分化，本质上依旧是一个利益博弈和自我行动能力是否足以在城镇立足的问题，市场能力足够的常住人口，依旧会选择全部入户城镇。因此，对未来而言，真正要实现常住人口的城镇化特别是形式与内容相统一的市民化，本质上还在于提升常住人口的市场能力。如果市场能力不足，即不具备现代公民的一些素质，他们依旧容易陷入"小农"意识中。

表 5 – 22　不同类型常住人口的群体特征与选择性市民化概况

常住人口类型	群体画像	制度	乡村或社区	个体理性	市民化现状
外来村民	仍是流出地乡村户籍，就业流动性较强，常住地融入较难，是本地村民和居民房屋租赁市场的主要承租人	在较大程度上受制于城乡与区域两个二元结构	家乡土地、集体经济拉力较大，居住证制度的实施降低了其入户意愿，但子女入学促使他们入户	谋求制度化的市民权益，并非仅仅谋求户籍身份转换	总体"半市民化"，部分"未市民化"
本地村民	户籍身份虽然在制度上变更为城乡统一的居民户口，但仍是村民。经济收入高、来源多样	工业化和市场化所放大的乡村户籍优势的受益者	完全或部分享受村集体经济组织提供的利益分红	部分人在利益博弈过程中谋求拆迁补偿的"高价市民化"	总体"半市民化"，部分"逆市民化"
转型居民及其他居民	拥有城镇居民户籍身份，就业方式非农化，但也有部分人仍居住在或正在向往乡村	一般已脱嵌于乡村户籍制度，但也有部分人在一定程度上依存于城乡二元户籍制度	一般享受城镇福利或兼得城乡之利，但也有某些人部分低于城镇福利或部分低于乡村福利	一般安于本分，但也有部分人试图获取更全面的城镇福利、乡村福利，或保留城乡双重受益	转型居民总体上"半市民化"，其他居民一般已市民化，但其中也有部分"逆市民化"

注："转型居民及其他居民"的含义，请参见本书第二章第四节"基本概念与问卷样本描述"中对"非农化乡村常住人口"的阐释。

　　在斯科特看来，传统社会中的农民是追求生存保障的社会理性行动者，[①] 即小农并不是追求利益最大化的经济理性行动者，而是风险最小化的社会理性行动者。这一观点遭到了波普金的反对。在波普金看来，农民的经济理性并不比任何资本主义企业家逊色，"个人利益与群体利益之间的矛盾是难以弥合的"[②]。黄宗智则在针对中国农民社会经济行动的研究中整合了斯科特与波普金的观点，认为小农既是利益最大化的追求者，同时也是维持生计的生产者。[③] 黄宗智对中国小农的这一判断得到了杜赞奇的支持，他的研究证明华北农民同时具有经济理性与社会理性。[④] 蔡禾、王进的研究则表明，农民工入户城镇是农民工寻求制度保障来改变城镇生活境遇的社会理性选择，而农民工是否愿意放弃土地（作为行为性永久迁移意愿指标）则主要受个体的人力资本和城镇生活方式认同的影响，是基于经济理性的选择。[⑤] 事实上，当以家庭为分析单位时，农民家庭的入户选择可以同时兼顾社会理性与经济理性，发达地区非农化乡村部分本地村民竞逐经济理性最大化，外来常住人口经济理性与社会理性兼顾，即通过"一家两户"的方式，既可以有兜底保障，又可以竞逐城镇稀缺、优质资源，是道义小农与理性小农在现有制度安排下的"保底竞优"策略；而已经通过"农转非""村改居"等政策因素变身为市民的转型居民，部分则想回归"村籍"，以期待未来的利益。

① 黄鹏进：《农民经济行为的文化逻辑——兼读〈农民的道义经济学：东南亚的反叛与生存〉的思考》，《中国农村观察》2006 年第 1 期，第 62～65、79 页。
② S. L. Popkin, *The Rational Peasant: The Political Economy of Rural Society in Vietnam*, Berkeley and Los Angeles: University of California Press, 1979: 17.
③ 〔美〕黄宗智：《长江三角洲小农家庭与乡村发展》，中华书局，2000，第 6～8、105～106 页；〔美〕黄宗智：《华北的小农经济与社会变迁》，中华书局，1986，第 1～30 页。
④ 〔美〕杜赞奇：《文化、权力与国家：1900—1942 年的华北农村》，王福明译，江苏人民出版社，2003，第 189、249 页。
⑤ 蔡禾、王进：《"农民工"永久迁移意愿研究》，《社会学研究》2007 年第 6 期，第 86～113 页。

突出问题透视

上文在理论架构阐释、制度变迁与市民化研究的基础上，从新制度主义的理论视角，运用本课题组问卷调研等方面的数据，从总体上考察了发达地区非农化乡村常住人口市民身份认同与制度环境、乡村（常住地）、主体行动的关系及身份认同分化的内在逻辑，辨识了发达地区非农化乡村本地村民、本地居民和外来常住人口的市民化选择及其选择分化的纷繁镜像，并在表5－22中，对发达地区非农化乡村不同类别常住人口的市民化现状做出了基本判断，即外来村民总体"半市民化"，部分"未市民化"；本地村民总体"半市民化"，部分"逆市民化"；转型居民总体上"半市民化"，但也有部分"逆市民化"。上文中部分"逆市民化"的转型居民从其"逆市民化"的情形来看与转型村民特别是本地村民的"逆市民化"情形本质上差别不大，这里作为原本地村民"逆市民化"的极端表现形式并入本地村民"逆市民化"一起讨论。因此这里研究发达地区非农化乡村常住人口市民化的突出问题，主要归纳为三类，即部分外来村民的"未市民化"问题、部分本地村民的"逆市民化"问题和全体转型村民、转型居民①或未完成市民化转型的

①　前文在第二章第四节"基本概念与问卷样本描述"中曾经规定过，所谓转型村民，既包括非农化乡村及其"村改居"社区的外来村民，也包括非农化乡村中的本地村民；所谓转型居民，既包括非农化乡村及其"村改居"社区的"农转非"居民，也包括非农化乡村"村改居"之后由转型村民改变户籍身份而生成的"村改居"社区居民。所有的转型村民和转型居民，都属于发达地区非农化乡村常住人口市民化的重点或一般研究对象。

常住人口总体上"半市民化"的问题。下面综合运用相关理论成果和包括本课题组实证调研结果在内的各种应用研究成果，聚焦这三类突出问题，继续探讨其基本内涵与表现形式。

一　部分外来村民"未市民化"

（一）外来村民市民化的极端性难题

发达地区非农化乡村普遍工商业较发达，提供了大量非农就业机会，因此吸引了各地许多外出农民工前往务工经商和居住。这些外出农民工，在发达地区非农化乡村的身份就是外来村民。国家统计局发布的《中华人民共和国 2019 年国民经济和社会发展统计公报》显示：2019年末全国人户分离的人口 2.80 亿人，其中流动人口 2.36 亿人。[1] 这部分人数量庞大，大部分靠"卖苦力"为生，很难靠其个人禀赋在城镇落户，总体上呈现"半市民化"状态。有的学者从定性的角度把农民工的生活状态概括为"半城市化"[2] 和"虚城市化"[3]，或指出农民工在权益的某些方面存在的不足[4] 及本地人与外地人之间存在的区别[5]；也有的学者从定量的角度对农民工市民化的水平进行了测定，发现在不同维度上[6]、不同代之间[7]农民工的市民化水平存在差异。总之，包括

---

① 国家统计局：《中华人民共和国 2019 年国民经济和社会发展统计公报》，《人民日报》2020 年 2 月 29 日，第 5 版。

② 王春光：《农村流动人口的"半城市化"问题研究》，《社会学研究》2006 年第 5 期，第107～122 页。

③ 陈丰：《从"虚城市化"到市民化：农民工城市化的现实路径》，《社会科学》2007 年第2 期，第 110～120 页。

④ 〔美〕苏黛瑞：《在中国城市中争取公民权》，王春光、单丽卿译，王春光校，浙江人民出版社，2009，第 13 页。

⑤ S. J. Shi, "Towards In-clusive Social Citizenship? Rethinking China's Social Security in the Trend towards Urban-Rural Harmonisation," *Journal of Social Policy*, 2012, 41 (9): 142 – 148.

⑥ 王桂新、沈建法、刘建波：《中国城市农民工市民化研究——以上海为例》，《人口与发展》2008 年第 1 期，第 3～23 页。

⑦ 刘传江、徐建玲等：《中国农民工市民化进程研究》，人民出版社，2008，第 134 页。

发达地区非农化乡村外来村民在内的外出农民工等农业转移人口不能获得市民权的现象引起了学术界的普遍关注。正是由于包括学术界在内的社会各界的大力推动，近年来国家把推进非城镇户籍人口在城镇落户作为农业转移人口市民化的重中之重，并专门发出《国务院办公厅关于印发推动 1 亿非户籍人口在城市落户方案的通知》，做出了相关制度安排。

以上情况表明，从总体上看，本课题组主张以"半市民化"来描述外来村民的市民化程度，即发达地区非农化乡村外来村民市民化程度总体上呈现"半市民化"状态。本课题组所说的"未市民化"，是综合比较非农化乡村不同群体之后的理论抽象，特指各群体中部分外来村民市民化程度相对最低的现象，或指外来村民总体"半市民化"格局中存在的部分人基本上还没有市民化的极端性现象。必须强调的是，这里的"未市民化"，并非指发达地区非农化乡村全部外来村民均属于"未市民化"。例如，在常住地居住、就业、生活时间较长的外来村民，事实上已经具备了与本地一般村民大致相当的可市民化素质，如本地居民 F10BG（男，居家老人）就认为，现在外地人的素质还是好高的；尽管有一部分非农化乡村的基本公共服务均等化尚未到位，而且尚未发现任何非农化乡村中存在外来村民基本公共服务供给水平高于本地村民的情况，但也有一部分非农化乡村外来村民已经享受到与本地村民大致相当的基本公共服务均等化待遇。这里，只是对"未市民化"概念做出了界定。接下来，将全面探讨"未市民化"作为外来村民市民化的极端性难题，其"难题"之"难"，究竟有哪些关键性内涵与主要表现形式。

（二）难在制度排斥仍然存在

在很长一段时间，学术界一致认为，以户籍制度为核心的城乡二元体制是农民工问题产生的根源。[①] 制度排斥导致农民工难以改变户籍身

---

① 李强：《影响中国城市流动人口的推力与拉力因素分析》，《中国社会科学》2003 年第 1 期，第 125～136 页。

份，来到非农化乡村务工经商的外来村民，尤其如此。尽管中共十八大以来中国户籍制度改革进程明显加快，但长期以来形成的制度惯性并非短期内能够彻底消除的，特别是城镇常住人口基本公共服务均等化难以实现，其中最突出的是子女入学难。在发达地区，由于外来村民的大量涌入，公办学校学位资源普遍紧张，甚至本地户籍人口子女入学也存在激烈竞争，更遑论满足外来人口子女入学的需要。

在中国，地方政府向外来村民开放户籍，意味着要承担相应的公共服务成本，而且越是发达地区，人均市民化的成本越高。[①] 虽然近年来中央文件一再强调建立市民化成本的分担机制，但从调研情况来看，并没有完全落实，地方政府依然承担主体责任和主要成本，市场与社会的资本动员能力仍然十分有限。因此，基于经济理性的地方政府当然不会把市民化的口子开得很大，户籍制度以及近年来各地推出的积分制等都有待完善。例如，积分制入户是城镇稳定就业的外来人员融入当地的重要途径，但有的地方积分制入户门槛偏高，过于强调"双高"（高学历、高技能）人才引进，导致企业急需的、长期稳定就业的一般熟练技能人员积不到高分，难以入户。在国家明确要求"全面取消城区常住人口 300 万以下的城市落户限制"[②] 后，一些地方又推出了积分享受公共服务的政策，如积分享受子女入读公办学校。这一政策虽然解决了公平性问题，但是，部分市民权的开放仍然会让包括非农化乡村外来村民在内的外出农民工面临各种不便利甚至不公平对待。如本课题组深入某地政府部门和学校调研发现，某市的积分入学政策只针对小学一年级和初中一年级，其他年级的学生并不能通过积分入读。

本课题组访谈调研时，外来村民 F35GY（男，物业管理从业者）就说道：城镇居民户口转不了，现在转的门槛高，一个住房、一个就学，还是受限制的。我们在这边没有房子，在本镇买不起住房；孩子的

---

① 潘家华、魏后凯主编《中国城市发展报告 No.6——农业转移人口的市民化》，社会科学文献出版社，2013，第 47 页。

② 《促进劳动力和人才社会性流动体制机制改革》，《人民日报》2019 年 12 月 26 日，第 1 版。

读书，也是很花钱的。我有三个孩子。大儿子 19 岁，在天津海运学校上大学，现在实习了，差不多毕业了。女儿 17 岁，在老家读幼师，周末回去跟我母亲一起住，母亲其他时间一个人住。小儿子 16 岁，现在跟着我们，在与我市相邻的一个市的崇文学校（外来子弟学校）读初三。

（三）难在入户意愿低导致"一家两户"现象

中共十八大以来，在户籍制度改革明显加快与具体入户人数的刚性约束下，农业转移人口和其他常住人口入户城镇相比以前更加容易，在某种程度上从以前的"能不能入户"和"让不让入户"转变为"想不想入户"和"以什么方式入户"，且融入当地的意愿并不强烈。[①] 调研发现，一些取得入户资格的外出农民工，并不急于把所有家庭成员的户口都迁到城镇，普遍采取一部分家庭成员入户城镇、另一部分家庭成员户口继续留在农村的入户策略，形成"一个家庭、两种户口"的格局，本课题组称之为"一家两户"现象，这一现象在东部发达地区乃至全国都比较普遍。本课题组问卷调查结果显示，16.28% 的外来常住人口不愿把户口迁来本地，38.71% 的人只愿把本人或配偶一方的户口迁移到本地城镇，另一方户口保留在乡村，愿意全家入户本地的比例为45.01%。选择"一家两户"的主要影响因素是他们既想完全享受城镇的公共服务，尤其是随迁子女入读公办学校，又不想放弃老家的土地和宅基地等权益，且当就业形势不好时可作为退路。换言之，发达地区非农化乡村外来村民市民化动力已转变为家庭生命周期中的重要时点和事件，如在结婚生育、举家迁移、子女入学时才考虑市民化，尤其是子女入学是年轻家庭选择入户的最大影响因素。

本课题组访谈调研时，外来居民 F39GS（男，二房东[②]）就说道：

---

① 刘林平、胡双喜：《土地、孩子与职业稳定性——外来工入户意愿的影响因素研究》，《南通大学学报》（社会科学版）2014 年第 2 期，第 29~37 页。

② 在当地承包公寓再转租出去的人，在一些地方被称为"二房东"。

我有两个小孩，其中较小的孩子是老家的村民户口，大儿子跟着我和老婆的户口是本市的城镇居民户口，因为上学方便。我就是为了孩子入学才转的城镇居民户口，因为孩子在城镇上学更好。据我入了本地户籍的朋友们说，大家一般都是为了孩子才入户，本镇现在的入户名额都没用完呢。我觉得如果去了城镇，保留村民户口可以成为一种退路。所以，我较小的孩子还是保留了老家的村民户口。

"一家两户"的入户策略完全符合新家庭经济学的解释。对外来常住人口来说，这是一种既可以通过获得城镇户口进而获得城镇公共服务和社会福利的途径，又可以通过保留农村户口进而继续保持对农村土地和宅基地等资源的占有的方法；但是，对整个中国的新型城镇化战略来说，"一家两户"难以剪断农民与土地的连接纽带，让有机会、有能力市民化的农民工彻底实现市民化，让城镇化的进程异常漫长并充满变数。

（四）难在个体生存能力存在不确定性

除了制度因素，个人因素也是影响外来村民市民化的重要因素。[①]与城镇精英和中产阶级相比，包括外来村民在内的外出农民工整体受教育程度不高、技能水平低，人力资本限制了其在劳动力市场的竞争能力。调研发现，外来村民在城镇高房价、高消费水平等高生活成本面前，普遍缺乏融入城镇的能力和信心，对自己的职业发展和人生发展充满不安全感和不确定性。

外来村民F33GY（男，保安）说：我们全家都是村民户口。没想转城镇居民户口，因为没意义。转了户口以后也就这些东西，就业没有保障，生活成本更高，反而生活更艰难。至于迁到本镇来，那是天方夜谭，在这里没有地，迁过来也没有什么用。假如真的让我转本镇的城镇居民户口，我同意。但我老婆孩子能不能转过来？能否有稳定的就业保

---

① 郑梓桢、刘凤至、马凯：《新生代外来务工人员城市适应性：个人因素与制度因素的比较——基于中山市的实证研究》，《人口研究》2011年第3期，第76~83页。

障？我的收入能不能养活我的家人？我全家都还在老家，必须全家都转过来，并且有能生存下去的条件才行。女儿 14 岁，在老家读初中。家里九年义务教育成本低一些，随迁读书对外来人口门槛高，经济上也支撑不下去。

常住于发达地区非农化乡村的外来村民与老家乡村土地保持联系，不利于农地流转集中，阻碍了现代农业农村发展；同时，包括外来村民在内的农业转移人口长期流动也不利于城镇人力资本积累、产业转型和扩大内需。从长远看，这种进城不落户的低度市民化将影响中国城镇化和现代化建设大局，也深刻影响发达地区非农化乡村常住人口的市民化进程。

二　部分本地村民"逆市民化"

（一）本地村民市民化的极端性难题

发达地区非农化乡村既实现了与城镇大致相当的产业非农化，也仍然保留着乡村集体经济并完全按照乡村的方式治理，总体上处于"乡不乡、城不城"的"半城镇化"状态。发达地区非农化乡村的本地村民，一方面就业已经像城镇一样非农化，并在多方面受到了城镇的强烈辐射和影响，另一方面其户籍身份依然是村民，而且在生产、生活、思想观念等方面也深深地留下了乡村的烙印，总体上都具有介乎于乡村村民与城镇居民之间的"半市民化"状态。现在学术界所提出的"半市民化"概念，绝非仅仅针对包括非农化乡村外来村民在内的外出农民工或易地市民化的农业转移人口而言，而是针对全体农民工或全体农业转移人口而言。而非农化乡村的本地村民，事实上既包括在本地农民工范畴之内，也包括在原地市民化的农业转移人口范畴之内。所以，从总体上看，本课题组同样主张以"半市民化"来描述本地村民的市民化程度，即发达地区非农化乡村本地村民市民化总体上也与外来村民一样呈现"半市民化"状态。

　　然而，仍有不少研究表明，城郊农民并不都是欢迎地方政府的"撤村建居"工程等城镇化和市民化政策的。① 事实上，近年来这一现象不仅发生在城郊农村，而且发生在很多发达地区的非农化乡村，甚至有向欠发达地区乡村蔓延的趋势。具体来看，乡村工业化后市场力量放大了乡村土地价值和集体经济收益，抬高了市民化成本，催生了未"村改居"的本地村民谋求拆迁补偿最大利益的"高价市民化"。部分本地村民往往期望成为"拆迁土豪"，并通过"种房子"的方式博取利益最大化。再加上部分之前在征地过程中已经取得城镇户籍的"农转非"居民，不管是已经进城工作还是仍留在非农化乡村，都有人希望回归"村籍"，这就导致了部分本地村民或原村民中发生的"逆市民化"现象。

　　本课题所说的"逆市民化"，是综合比较非农化乡村不同群体之后的理论抽象，特指各群体中部分本地村民眷恋或羡慕非农化乡村丰厚福利，不愿意自己所在的非农化乡村"村改居"使自己由非农化乡村村民转为城镇居民，或在已经"农转非"获得城镇居民户籍后又希望回迁乡村或回归"村籍"的现象。这种现象同时也是本地村民总体"半市民化"格局中存在的部分人基本上反对市民化的极端性现象。但仍然需要指出，这里的"逆市民化"，并非指发达地区非农化乡村全部本地村民均属于"逆市民化"。无论从问卷调查还是从访谈调查的结果来看，都有部分本地村民的初始回答以及在为之设定相关外部环境优化条件之后的矫正性回答，在不同程度上对市民化持肯定态度。另外，这里以部分本地村民为重点的"逆市民化"与西方发达国家出现的"逆城市化"以及中国已经发生的支持乡村振兴的"逆城镇化"均不可同日而语，深刻理解这一问题，需要防止以现象掩盖本质。这里，只是对"逆市民化"概念做出了界定。接下来，将全面探讨"逆市民化"作为本地村民市民化的极端性难题，其"难题"之"难"，究竟有哪些关键

---

① 毛丹、王燕锋：《J 市农民为什么不愿做市民——城郊农民的安全经济学》，《社会学研究》2006 年第 6 期，第 45～73 页。

性内涵与主要表现形式。

（二）难在"农转非"的吸引力下降

中华人民共和国成立以后，受特定国情制约，长期实行城乡分割的二元户籍制度，使社会成员被分为农业户口和非农业户口两种不同的身份。依附在户籍之上的劳动就业、住房、医疗、教育、公共设施等公民基本权利，给城镇户籍居民带来了种种好处，导致城乡差距日益扩大，形成中国特色的城乡二元体制。因此，在很长一段时间内，城镇户口对乡村村民来说具有很大的吸引力。村民要想获得城镇户口，只有考学、参军、招工、嫁人等少数几条途径。在 20 世纪八九十年代的大开发大建设过程中，许多地方政府在征地的过程中给村民提供了一定数量的"农转非"指标，村民对此也是"趋之若鹜"。

但是，随着城镇的扩大化和乡村工业化的推进，乡村特别是发达地区非农化乡村的土地价值逐渐提升。特别是在大量土地转为非农用途后，发达地区非农化乡村的村民认识到土地的重要性，对土地的市场价值有了充分认识，部分人不再愿意出让土地或以土地换"农转非"指标。21 世纪以来特别是中共十八大以来，国家对乡村的政策支持力度不断增强，长期依靠工农业之间和城乡之间的"剪刀差"来推动发展的格局有所改变，工业反哺农业、城镇驰援乡村，实现工业与农业、城镇与乡村协调发展，促进乡村振兴，成为普遍性的景象。2004 年 12 月召开的中央经济工作会议第一次明确提出，中国"现在总体上已到了以工促农、以城带乡的发展阶段"①。此后，随着建设社会主义新农村、精准扶贫精准脱贫、乡村振兴等系列国家战略的提出和实施，国家支农惠农力度明显加大，城乡关系和城乡户口的含金量发生了一定程度上的逆转。城镇居民虽然仍然享受相对较好的基础设施、教育、医疗、社会保障等公共服务，但城乡基本公共服务的均等化水平已经有了明显提

---

① 《中央经济工作会议作出新判断：我国总体上已到了以工促农、以城带乡新阶段》，《领导决策信息》2004 年第 48 期，第 26 ~ 27 页。

高，而乡村村民享受的承包地、宅基地使用权，集体经济股份分红，种粮补贴等各项优惠政策是城镇居民所没有的。特别是非农化乡村，集体经济普遍发展较好，村民能享受的分红较多，让不少城镇居民羡慕不已。

近年来，随着国家政策，尤其是以民生福利为代表的再分配政策的日益完善，惠农支农力度越来越大，一定程度上形成了农村和农民政策的相对优势和可持续保障优势，使得早期"村改居"并已经市民化（主要指获得城镇户籍）的新居民（原村民），觉得反而不如当村民实惠。首先，这些新居民并没有因户口的转变和身份的转变自动获得城镇发展的成果，很多失去土地保障的新居民因政策制度和具体执行的原因，在各种民生福利、社会保障上遭遇巨大的社会风险；其次，早期市民化的新居民过早失去土地，此后随着城镇化发展土地价值也随之提升，使得后失去土地的村民反而较早期失去土地的新居民收益更高；再次，近年来实施的乡村振兴战略，开展的美丽乡村建设，包括乡村生态产业园、工业园区建设等，也使得农村在生产生活上获得了巨大提升。上述三重因素，进一步弱化了一些非农化乡村本地村民的市民化意愿。

因此，在城乡关系格局发生逆转的大背景下，发达地区非农化乡村的部分本地村民，实际上已经一定程度上享受到城镇的公共服务和现代生活方式，并同时享受到乡村非农化后放大的乡村收益，并不愿意将自己的身份从村民改成市民，甚至对"农转非""村改居"等存有一定的抵触情绪。本课题组的问卷调查发现，发达地区非农化乡村中37.02%的本地村民不愿意通过"农转非"入户城镇，25.81%的本地村民只愿意通过"农转非"把本人或配偶一方的户口迁移到城镇，但另一方户口保留在乡村；愿意把全家户口迁到城镇的比例只有37.17%。之所以不愿意入户城镇，村民所给出的答案主要有"城镇乡村差别不大，没有必要转户口"（59.70%）、"为了保留乡村土地和宅基地"（55.44%）、"为了集体分红"（44.78%）、"习惯乡村生活方式"（41.15%）、"为了乡村户口的农业补贴"（27.51%）、"给自己留一条退路"（20.47%）。

（三） 难在通过"种房子"的方式豪赌市民化

乡村非农化的快速推进不仅导致本地村民无地可种，也带来了大量的企业和外来常住人口。企业的厂房需求和外来常住人口的居住需要让本地村民看到商机，他们建起了许多厂房和住宅出租给企业和在外来企业工作的外来常住人口，从而成为依靠租金生活的"包租公""包租婆"。不仅如此，本地村民清楚地知道城镇化的大趋势不可避免，他们对城镇扩张后的征地拆迁补偿存在明显预期，因此，即便房子不能完全出租出去，也要尽可能多地盖房子，而且把每栋房子盖得越高越好，甚至违建。由于某些地方管理不到位，宅基地"占有不出钱，退出又不补偿，占有越多收益越大"，宅基地使用权"不用白不用"成为大多数本地村民的理性选择，这就导致了日益严重的"一户多宅""未批先占""少批多占""乱占乱建"等无序扩张用地问题。可以说，部分本地村民已从过去靠农田维生转为以"种房子"为生。例如，一些地方在征地或"村改居"之前，不少地方的农民在其宅基地甚至在其承包的耕地上不是种菜而是抢"种"房子，以求在未来"村改居"时能够得到可观的利益补偿。

（四） 难在非农化明星村成为中国特色乡村的符号

改革开放后，中国涌现出一批经济较发达、村民富裕程度较高的明星村，这些村大部分是非农化乡村，如华西村、南街村等。这些村在产业、生活方式、现代化水平等方面已经与城镇没有差距，完全可以改成一个城镇社区或小区。但是，这些明星村已成为中国特色乡村建设的一种符号。不少地方希望这类村保留乡村建制、村民保留乡村户籍，使之成为一道道风景和符号，但这在一定程度上却不利于非农化乡村常住人口市民化的整体推进。城乡融合不是说城与乡都要建成一个样子，而是要既各有特色，又优势互补。非农化乡村的产业结构与城镇更接近，就应该顺理成章地走向城镇；而以生态农业发展为特色的同浙江安吉余村一样的示范村，才应该是名副其实的乡村振兴的典范和中国特色乡村的符号。

本课题组在发达地区非农化乡村进行实证调研时所到的江苏的 YL 村，尽管大部分土地已经非农化，却曾被作为中国特色乡村的标杆，先后获得过"全国文明村""江苏省百佳生态村""全国农业旅游示范点"等荣誉称号。2018 年，该村实现营业收入 620 亿元，利税 80 亿元，村级可用财力 1.56 亿元，村民年人均纯收入 58000 元。在该村的发展历程中，集中力量办村办钢铁工业企业，挖到了经济发展的第一桶金；然后，集中力量办大型的钢铁工业集团，走集中化和多元化发展并重的道路，实现了村集体经济壮大和村民富裕同步。在村集体经济不断壮大和产业集团不断壮大的同时，积极适应城乡一体化和城乡同步协同态势，推动村企产权清晰，政经分离，公共服务和公共管理实现了城乡均等化，形成了党建引领、区域协同、群众参与、依法办事的治理机制，构建了自治、法治、德治相结合，共治、共建、共享的现代化乡村治理体系，并且创新集体主义实现形式，坚持进了 YL 门就是 YL 人，凡是 YL 人，待遇人人都平等，村民家家有住房、人人有工作、个个有福利。在中国的乡村中，像 YL 村一样能因大办钢铁工业而走向成功者，可谓凤毛麟角。将其作为新农村建设的标杆，恐怕很难有村庄能够仿效。

浙江的 WT 村乡村特色稍多一点，但情况也大体相同。该村历史悠久，文化底蕴丰厚。早在唐朝，诗仙李白就对其美丽风光情有独钟，留下了"村庄佳景色，画茶闲情抒"的诗句。从 2006 年开始，该村与艺术结缘，逐渐成为艺术家聚集地。2011 年，该村被评为"风情小镇"、浙江省"美丽乡村"精品示范村。2014 年，该村成为国家 3A 级景区。2015 年，该村成为浙江省首批特色小镇的重要组成部分。2017 年，该村入选第五届全国文明村镇。经多年努力奋斗，该村已从一个世代以茶叶农业为经济支柱的普通茶村，逐渐演变为集宜居、宜业、宜游、宜文于一体，以非农产业为主兼有少量茶业生产经营的"艺术村落"，成长为中国版的"枫丹白露"。有本地村民私下里说，如果说李白所在时代的 WT 村是中国特色乡村，应该没什么问题；但今天仍将本村作为中国特色乡村的标杆，不让本村走向乡村城镇化，多少有些牵强附会。

（五）难在已成为本地居民的部分原村民希望回迁乡村

市场力量放大了乡村土地价值和集体经济收益，抬高了市民化成本，催生了"征地土豪""拆迁土豪"，这让当年在征地过程中通过"农转非"指标等途径入户城镇工作的部分原村民（已经在城镇工作多年，可视为已经市民化）"后悔不已"，也导致了部分原村民成为回迁居民，其间甚至在一定程度上隐含着希望回归村民的"逆市民化"意愿。如前所述，本课题组问卷调查结果显示，如果无相关条件制约，本村已市民化的居民中，31.58%愿意把全家户口迁回乡村，44.44%愿意把自己或配偶户口迁回乡村。本地居民回迁意愿确实存在，但要把户籍转回村民或获取与村民一样的福利，一般会遭到本地村民的强烈抵制。

本课题组访谈调研问及是否有居民回迁以及回迁后能享受怎样的待遇时，本地村民F37GS（女，村干部）就回答道：是的。这几年迁回来有二十多人。但是他们迁回来的分红等待遇就没有了。迁回来的都是六十多岁的了，他们能享受的有两个福利：一是半年办一次的生日会，会邀请他们来参加；二是每年的重阳节，会送一些礼物给他们。回迁的居民没有享受和村民一样的福利，是合理的。谁叫他们当时迁出去啊。以前城镇户口吃香就迁出去，现在村里户口吃香可不能就随便回来享受了。他住在我们村也还是居民，没有哪个村会同意让他们转为村民的，做人不能哪头吃香哪头沾。

已成为本地居民的部分原村民希望回迁发达地区非农化乡村的"逆市民化"现象，在一定程度上能够促进乡村振兴，有利于非农化乡村的进一步发展。但是，对非农化乡村实现城镇化，特别是对非农化乡村本地村民实现原地市民化，还是会造成一定的不利影响，如给这些乡村的集体经济股东资格界定带来很大困扰，甚至引发族群矛盾，危害社会稳定。而目前国内对户口回迁和集体经济股东资格界定并没有统一的规定，各地特别是乡村本身具有很大的自主性，也导致各地政策和最终结果不一致，导致竞相回迁的"逆市民化"。

三 常住人口总体上"半市民化"

（一）常住人口市民化的普遍性难题

不仅王春光提出过"半市民化"概念，2011 年国务院发展研究中心课题组的研究也表明，中国农业转移人口总体上已达 54% 的市民化水平。[①] 在本课题组看来，"半市民化"是一种介于传统村民与现代市民之间的市民化状态。如果说部分外来村民"未市民化"、部分本地村民"逆市民化"只是发达地区非农化乡村农业转移人口"半市民化"的极端表现形式，那么，一般意义上的"半市民化"，就是发达地区非农化乡村及其"村改居"社区作为市民化对象的转型村民、转型居民或尚未完成转移的农业转移人口总体上的市民化状态。

为什么说外来村民、本地村民总体上都呈现"半市民化"状态，前文已做过阐述，这里不再赘述。前文已经论述过部分外来村民"未市民化"、部分本地村民"逆市民化"的关键性内涵和主要表现形式。与前面所述的部分外来村民、本地村民相比，这里的多数外来村民、本地村民"半市民化"的关键性内涵和主要表现形式没有根本性区别，但在程度上有很大的不同，主要是普遍更希望实现市民化，在权益享有、素质能力、户籍获取等方面比前者更接近市民化。包括外来村民、本地村民在内的转型村民，与这里将要讨论的"农转非""村改居"之后的转型居民相比，除了户籍属性的区别外也没有其他本质上的不同。为免仅仅因阐述程度上的不同或身份标签的不同而出现内容上的某些同义重复，这里不再讨论包括外来村民、本地村民在内的转型村民"半市民化"的关键性内涵和主要表现形式。

---

① 国务院发展研究中心课题组：《农民工市民化进程的总体态势与战略取向》，《改革》2011年第 5 期，第 5～29 页。

改革开放以来，根据国家的宏观制度安排，为适应各地城镇化发展在土地规模、产业拓展等方面的需要，在各地地方党委、政府的大力推动下，中国东南沿海等发达地区的非农化乡村形态，在由形成到进一步发展的过程中发生了很大变化，出现了一种不同于外来村民易地市民化的本地村民原地市民化模式。一方面，在非农化乡村中，有部分村民通过土地置换等方式改变户籍成为"农转非"居民，但这些居民大部分仍然在非农化乡村工作和生活，并且将一直伴随着非农化乡村"村改居"而过渡为"村改居"社区居民；另一方面，有部分非农化乡村陆续启动了"村改居"工作，"村改居"后原本地村民全部改变户籍成为"村改居"社区居民。无论是通过"村改居"由转型村民转化而来的"村改居"社区居民，还是长期在非农化乡村及其"村改居"社区工作和生活的"农转非"居民，与现代市民或传统城镇社区的城镇居民相比，都属于已经取得城镇居民户籍但仍然需要从权益享有、素质能力、治理参与等方面进一步完成市民化或仍在一定程度上处于"半市民化"状态的转型居民。因此，这里的研究主要聚焦于转型居民的"半市民化"难题。接下来，将以转型居民为代表，探讨"半市民化"作为常住人口市民化的普遍性难题，其"难题"之"难"，究竟有哪些关键性内涵与主要表现形式。

（二）难在就业方式非农化但参与市场分工能力弱

就业方式的差异是市民和村民最大的区别。调研发现，与从事农业生产的传统村民相比，转型居民大多在非农产业就业，其中不少人还能够以股民或股东身份获取原集体经济组织或已转型的现代化企业的股份分红。这是因为城镇化导致非农化乡村的土地价值大幅攀升，村集体以建厂房或者办企业的方式形成了庞大的集体经济，而且这些集体经济组织的利益还延伸到了非农化乡村"村改居"后的"村改居"社区。集体经济组织利益延伸到"村改居"社区的方式通常有两种类型：一是在不规范转型的"村改居"社区，直接保留原集体经济组织，不少转型居民可以以股民的身份直接获得集体经济组织的分红；二是在规范转型的"村改居"社区，原集体经济组织转型为现代化企业后，不少转型居民仍可以以企业股东的身份成为企业分红的受益人。可见，通过股份制改革，不少转型居民每年仍然能够获得可观的分红收入。传统城镇化时期产生的转型居民更为特别，有的转型居民甚至还可以依托原有的宅基地，像本地村民一样靠建房子出租生活，不需要靠自己的非农化就业所得生活。这些转型居民出租自家宅基地上的自有房屋也能获得不菲的租金收入，这就足以让他们过上比较优渥的物质生活，因此参与城镇非农化就业的积极性不高。

转型居民"半市民化"问题更为突出的表现形式，是与传统城镇居民相比，转型居民参与市场分工的能力较弱。调研发现，转型居民普遍受教育程度不高、技能培训不足，其人力资本存量与真正的城镇居民存在较大差距。"村改居"转制后，他们原有的农业生产技能失去用武之地，① 而参与城镇市场分工的能力又没有形成。也就是说，包括原"农转非"居民在内的"村改居"社区居民虽然形式上都获得了城镇户口，完成了农业转移人口市民化，但实质上并没有形成与传统城镇居民同等的就业形态和就业方式，从而出现了既不务农又不务工的状态，有的人坐吃山空、有的人整日无所事事，甚至出现了吸毒等罔顾法纪的行为。可见，将来持续保障"村改居"社区居民的生活和经济收入来源，是"村改居"社区转型居民终结其"半市民化"状态，或"村改居"社区农业转移人口市民化彻底完成的关键。

（三）难在居住和社会交往比较封闭

从居住形态看，农民一般分散居住，市民一般集中居住；从社会交往看，农民一般以血缘、地缘为纽带，市民一般以业缘、趣缘为纽带。调研发现，目前大部分名义上"村改居"但尚未实质性实现市民化转

---

① 何建宁：《村改居群体就业徘徊问题观察——基于比较优势视角》，《开放导报》2016 年第 2 期，第 85~88 页。

换的"居民",都在宅基地上建有一栋甚至几栋住宅,除自己住一部分外,其他出租给外地人,其与外地人的联系大多限于租赁交往,日常生活仍然局限在村落内部,形成本地人与外地人区隔的"二元社区"。[①]

转型居民对"种房子"情有独钟,其实可以溯源到在"村改居"之前他们仍是转型村民或"农转非"居民的时候。根据本课题组成员个人调研获得的资料,某非农化乡村转型村民 XFX(案例编号:20140817)就曾说道:村里人都是赶在"村改居"之前,抓紧建房子,借钱也要建。我家里也有两栋房子对外出租,一栋 5 层,一栋 6 层,主要是租给外地打工的人。房子出租一年收入有十多万吧。现在经济形势不太好,房租收入有点下滑。这一案例也表明,转型居民尽管已经实现户籍身份上的市民化,但与转型村民特别是本地村民之间,仍然具有一脉相承、难以割裂的关系。

居住的区隔导致了社会交往的封闭。在社会交往上,"村改居"社区居民基本上都是与本地人特别是"本村人"交往,这一方面是由于他们参与城镇就业不足,难以与城镇白领等中等收入群体建立起社会关系网络;另一方面在内心深处又看不起租住他们房子的外来打工者,不愿意与常住于本社区的外来村民交往。尽管近年来国家要求吸纳外来人口参与常住地社区治理,但参与的广度和深度仍远远不够。如许多村委会的牌子虽然换成了居委会,但是人员结构并没有大的调整,常住于"村改居"社区的外来居民或外来村民,往往难以进入"村改居"社区的党委会(或党支部委员会)和村委会班子。

(四)难在与城镇居民权利义务不平等

为了尽快推进"村改居"工作,很多地方都是先换牌子(把村委会招牌换成居委会招牌),后换牌子背后的内容,甚至长期"换汤不换药"。调研发现,部分乡村在实行"村改居"之后,只是在名称上有所

[①] 周大鸣、田絮崖:《"二元社区"与都市居住空间》,《山东社会科学》2016 年第 1 期,第 90~95 页。

改变，实际的管理体制和运作模式仍然实行村级管理。例如，据实证调研时的调研对象介绍，目前某市 127 个居委会中，有 57 个仍然执行村委会管理体制。这就导致"村改居"社区居民与传统城镇居民之间的权利与义务处于不平等的状态。

一方面，某些"村改居"社区转型居民的权利大于传统城镇居民，仍然保留着很多村民特有的权利。如生育权利方面，在国家出台"一对夫妇可生育两个孩子"[①] 政策前，"村改居"社区居民执行的是适用于村民的"一孩半"生育政策[②]；又如税收权利方面，很多存在于不规范转型"村改居"社区中的集体经济组织属于在农业部门登记的股份合作社（联社），而不是在工商部门登记的企业，缴税标准偏低甚至免税；再如土地权利方面，某些"村改居"社区仍然在进行宅基地分配。

另一方面，某些"村改居"社区转型居民的义务也大于传统城镇居民，"村改居"社区仍然需要自行负责公共服务供给费用。传统城乡二元体制下，城乡公共服务的财务支持不一样，城镇主要是政府公共财政给付，农村主要是集体经济支出。但"村改居"后，很多社区的保安、保洁等公共服务仍然要集体经济组织投入。[③] 此类社区若长期得不到政府公共财政的支持，集体经济发展水平将难以支付社区治理所需开支，居委会将难以承受社区公共服务的压力，原集体经济组织成员的股份含金量也会不断下降。社区公共服务供给与原集体经济组织成员股份分红之间的张力，还会导致社区内集体经济组织成员（持股居民）与非集体经济组织成员（无股居民、外来村民和外来居民）之间的矛盾日益加深。

---

① 《中共十八届五中全会在京举行》，《人民日报》2015 年 10 月 30 日，第 1 版。

② 指从 1984 年起在中国大多数农村施行的每对夫妇第一孩为男孩不得再生，第一孩为女孩在间隔 4～5 年后允许生育第二孩的弹性计划生育政策。王卓华：《从"一孩半"政策看农村的性别比例失调——基于现行农村计划生育政策的视角》，《西安社会科学》（哲学社会科学版）2008 年第 2 期，第 48～50 页。

③ 黄春蕾：《我国新型城镇化背景下"村改居"社区公共服务供给转型研究——基于济南市的调查》，《天津行政学院学报》2015 年第 4 期，第 11～19 页。

（五） 难在市民心理认同不足

心理认同是群体区分的深层标识，体现了个体对自己身份和情感的归属。[①] 调查表明，在实施"村改居"之前，部分本地村民对"村改居"缺乏必要的认识，认为"村改居"是政府和少数村干部的行为，改与不改意义不大。在实施"村改居"之后，只是牌子和户籍身份发生了变化，居民的生活方式和思想意识仍然停留在原来的村的基础上，真正的城市居民意识比较淡薄，大多数转型居民的心理认同依然是农民或半个市民。[②] 因此，"村改居"社区居民认同市民化是一个长期的过程。

在实证调研中，课题组发现部分本地村民身份认同"内卷化"的根本，在于"村改居"背后的利益理性计算和预期收益权衡。对本地村民来说，"村改居"就是为了获得更好的民生福利、更多的市场收益，同时能够推动所在村（居）走集约化发展道路，获得可持续的发展预期。就现实来看，"村改居"社区部分居民会抱怨"村改居"没有给自己带来长期稳定的收益。尤其是职业技能不高、年龄较大的"村改居"社区居民，其市场生存能力较弱，失去土地保障后，难以通过个人的职业技能获得稳定的收入保障。就政策保障来看，国家农业、农村、农民（一般简称"三农"）政策实现了由农业养育工业向工业反哺农业的转变，[③] 国家对农村和农民更多是给予政策补贴和资金扶持，这就在一定程度上增加了农民身份的收益。因此，对发达地区"村改居"社区的某些居民来说，他们不仅不想实现"村改居"，还出现了部分已经完成改制的居委会要求改回村委会的情形。

---

① 韩丹：《失地农民身份认同研究——以南京市 A 区村改居社区为例》，《福建论坛》（人文社会科学版）2012 年第 8 期，第 179~186 页。

② 高灵芝、胡旭昌：《城市边缘地带"村改居"后的"村民自治"研究——基于济南市的调查》，《重庆社会科学》2005 年第 9 期，第 108~112 页。

③ 郑有贵：《农业养育工业政策向工业反哺农业政策的转变——"取""予"视角的"三农"政策》，《中共党史研究》2007 年第 1 期，第 32~38 页。

四　常住人口的诉求差异及分化

（一）不同类型常住人口的市民化诉求与逻辑

上文集中探讨了发达地区非农化乡村常住人口市民化存在的三个方面的突出问题，透视了三大难题的关键性内涵和主要表现形式。要推动理论与实践的发展，必须坚持问题导向。但是，分析问题也不能背离实事求是的原则和辩证唯物主义联系、发展的观点。所以，这里仍然必须强调，中共十八大以来，推进以人为核心的新型城镇化摆上党和国家的重要议事日程，加快农业转移人口市民化被作为新型城镇化战略的重中之重，所取得的成效极其显著，值得充分肯定。2019 年末，中国城镇常住人口 84843 万人，占总人口的比重（常住人口城镇化率）已达 60.60%，户籍人口城镇化率已达 44.38%，[①] 这已经是非常来之不易的巨大成就。在三大不同类别的常住人口中，所谓"未市民化"或"逆市民化"，都是需要引起高度重视的新苗头，但毕竟都只是在部分群体中发生的极端现象。总的来说，发达地区非农化乡村及其"村改居"社区的常住人口大都呈现"半市民化"状态。而且这种"半市民化"，与传统城镇化时期忽视人的发展形式与发展内涵的"半市民化"不可同日而语。传统城镇化时期主要重视规模、产业的扩张，对常住人口的市民化尚未引起足够的重视；新型城镇化则将人视为核心。正是因为政策背景已经发生重大转型，现在的"半市民化"相较于过去的"半市民化"，已经越来越接近农业转移人口发展形式与发展内涵有机统一的市民化，已经更为接近市民化的理想目标，对此必须有实事求是的深刻认识。鉴于上面已经分类探讨了三大突出问题的实质性内涵和主要表现形式，这里再把全部常住人口视为一个总体，进一步进行诉求与逻辑的

---

① 国家统计局：《中华人民共和国 2019 年国民经济和社会发展统计公报》，《人民日报》2020 年 2 月 29 日，第 5 版。

比较，揭示三者的区别与联系。

如前所述，非农化乡村（其中一部分非农化乡村通过"村改居"变成"村改居"社区）是农业转移人口市民化的重要场域，属于市民化对象的常住人口主要包括转型村民、转型居民两大类农业转移人口。其中转型村民，是指非农化乡村的外来村民、本地村民以及"村改居"社区中尚未入籍城镇的外来居民；转型居民，是指"村改居"后由转型村民转变而来的"村改居"社区居民以及一直常住于非农化乡村及其"村改居"之后的"村改居"社区的"农转非"居民。这两类人群市民化的问题各不相同。具体来看，不同的经济发展水平，尤其是所在地区的经济发展水平、现代化程度、工商业活跃度等的不同，会影响非农化乡村及其"村改居"社区不同类型的常住人口的市民化期待和地方政府的市民化政策。换言之，市民化本质上是各种主客观因素叠加驱动的结果，既包括政策制度因素，也包括区位特征因素，既包括群体特征，也包括个体诉求，既有现实参照因素，也有未来期待考虑。从实证调研的情况来看，非农化乡村及其"村改居"社区不同类型常住人口的市民化诉求与逻辑，大致如表6-1所示。

表6-1 不同类型常住人口的市民化诉求与逻辑

常住人口类型	市民化诉求	市民化逻辑
外来村民	入籍城镇，享有均等的基本公共服务，消除制度排斥	基本权益保障逻辑
本地村民	入籍城镇，维护既有的各种合法权益，提高待遇更好	既有权益维护逻辑
转型居民	同城同权，享有城镇居民应有的权益，实现增权增能	同城增权增能逻辑

可见，非农化乡村及其"村改居"社区不同类型的常住人口受制于当下的个体或群体处境，对市民化的诉求与逻辑存在明显差异。一方面，不同类型的常住人口从自身的实际情况出发，当下的市民化诉求具有层次高低的不同。外来村民现实诉求最低，本地村民现实诉求居中，转型居民现实诉求最高。另一方面，不同类型的常住人口与市民化理想状态的距离不同。如将市民化理想状态设定为市民化终极目标，外来村民相距最为遥远，实现理想状态市民化的难度最大；本地村民相对外来

村民相距较近，相对转型居民相距较远，实现理想状态市民化的难度居中；转型居民相距最为接近，实现理想状态市民化的难度最小。

从实践来看，非农化乡村及其"村改居"社区常住人口的市民化进程，必须回应常住人口的诉求，循序渐进，一步一个脚印才能最终抵达终点。对于外来村民来说，当务之急是要抓紧解决好基本公共服务均等化问题，唯有如此才能使外来村民形成更热烈的市民化政策响应；对于本地村民来说，他们的生活方式、身份认同与城镇居民相差不大，更多是在现实、政策和未来发展上维持个人利益最大化，这就决定了推进其市民化必须在合法合理的前提下解决诸多复杂的现实问题；对于转型居民来说，难度小并不等于问题小或者问题不严重，转型居民的权益诉求明显高于本地村民，更高于外来村民，这就决定了在实践层面最终完成转型居民市民化转型的任务也不可掉以轻心。

（二）不同地域常住人口的市民化诉求与逻辑

从实证调研的情况来看，如表 6 - 2 所示，不同的地理区位，尤其是与核心城区、产业园区等的距离差异，也会影响非农化乡村及其"村改居"社区转型村民、转型居民的市民化诉求与逻辑。换言之，市民化与城乡距离密切相关，农业转移人口距离城镇远近，对其市民化诉求有重要影响。总的来看，在农业现代化、外出就业、乡村振兴等的推动下，对于转型村民来说，无论是外来村民还是本地村民，一般都具有"不弃地、人进城"的市民化诉求，其中本地村民更是跟土地密切捆绑，既包括宅基地带来的出租收益，也包括集体经营性建设用地所产生的分红收益。对于跨地域的外来村民来说，访谈调研中发现，尽管他们也具有一定的土地情结，但其市民化诉求与劳动权利和市场安排关系更为密切。

现在尚未"村改居"的非农化乡村一般地处城镇近郊。对于靠近城镇，或地处镇区的本地村民来说，需要着重解决其以村民权益合理保障为核心的征地制度创新问题和土地保障问题。现在已经"村改居"的非农化乡村一般地处城中，为城镇辖区所包围。对于用地功能实质上已实现城镇化但土地属性尚未完全国有化并为城镇辖区所包围的"村改居"社区居民来说，虽已实现身份、生存发展能力的城镇化，但迫切需要获得与市民身份相匹配的城镇性和现代性，实现标准的城镇化。

表6-2　不同地域常住人口的市民化诉求与逻辑

常住人口所处地域	市民化诉求	市民化逻辑
转型村民（城乡之间的外来村民与本地村民）	两栖型融入：维持土地保障权，尊重职业选择权，城镇化获益和土地底线保障相结合	土地和市场双重逻辑
转型村民中的外来村民（通常具有跨地域属性）	生存权转变为市民权：获得在城镇稳定可持续发展的生存权，同时进一步获得市民权	劳动权换取市民权逻辑
转型村民中的本地村民（现在多存在于镇区或城郊村）	保障能力提升：土地分红制度和土地收益动态分享，提升保障发展能力	土地持续支撑逻辑
转型居民（现在多为城镇辖区所包围）	城镇性提升：从生存权向发展保障权转向，推动城中村转型居民向标准的城镇居民的转变	市场生产能力逻辑取代土地支撑逻辑

可见，距离城镇的远近，是非农化乡村及其"村改居"社区不同类型常住人口市民化诉求与逻辑极其重要的影响因素。土地是农民的命根子，其中最为核心的因素就是农业转移人口跟土地的关系。距离城镇越远，对土地的依赖性越高，其市民化的能力也越弱，也即市场生存能力越弱，进而导致市民化的障碍和困难越多，越是难以推进市民化；距离城镇越近，对土地的依赖性越低，同时市民化的能力越强，也即市场生存能力越强，市民化也相对越顺利，但也面临着彻底市民化"最后一公里"的困境，也即化解市场风险的能力是否最终得到确认形成。

发达地区非农化乡村常住人口作为市民化群体的特殊类型，代表了中国非农化和城镇化发展进程的独特发展路径，也折射出今后中国城镇化发展所面临的困境难题。随着以人为本的新型城镇化的深入推进，为了实现以人为核心的新型城镇化、推进乡村振兴和稳妥推进发达地区非农化乡村常住人口市民化，需要充分考虑不同常住人口群体的利益诉求内容和核心逻辑，建立土地、人口和政府的动态均衡共变关系，避免早期掠夺式的土地产权变更和被动式的身份转换的不利后果，与时俱进地适应新情况，创造性地解决新的突出问题。

（三）常住人口市民化路线存在类型差异

发达地区非农化乡村常住人口市民化，不仅在不同类型、不同地域常住人口的市民化诉求与逻辑之间存在显著区别，而且从微观个体的角度看，其市民化路线也存在类型上的显著差别。一个人的生存状态无非行为层面的生产方式、生活方式以及内在心理层面的思想观念和外在环境层面的制度安排。这一分析框架与王春光所说的农民工在体制、社会生活行动和社会心理三个层面上的不整合基本一致。① 从实证调研的情况来看，如表 6 - 3 所示，发达地区非农化乡村外来村民、本地村民、转型居民的市民化可以按照经济、社会、制度和文化心理四个层面进行分析，并且不同的常住人口，群体特征、身份特点、利益诉求和市民化结果存在明显差异。

表 6 - 3　不同类型常住人口市民化的技术路线

常住人口类型	群体特征	身份特点	利益诉求	市民化结果
外来村民	仍是老家乡村户籍，就业流动性较强，常住地融入较难，是常住地村民和居民房屋租赁市场的主要承租人	在较大程度上受制于城乡与区域两个二元结构的制约，并且脱嵌于老家和常住地的乡村党组织、自治组织和集体经济组织	谋求制度化的市民权益，特别是基本公共服务均等化，部分人并非仅仅谋求户籍身份的转换	总体上"半市民化"，部分"未市民化"
本地村民	户籍身份未改变，保留乡土的思想观念和生活方式，未实现市民化就业	在工业化和市场化下放大了的乡村户籍优势的受益者，完全或部分享受村集体经济组织提供的利益分红	在利益博弈过程中保底竞优，部分人谋求受益方的"高价市民化"	总体上"半市民化"，部分"逆市民化"

---

① 王春光：《农村流动人口的"半城市化"问题研究》，《社会学研究》2006 年第 5 期，第 107 ~ 122 页。

续表

常住人口类型	群体特征	身份特点	利益诉求	市民化结果
转型居民	户籍身份已改变，但不同程度上仍延续乡土的思想观念和生活方式，未完全实现市民化就业	一定程度上是城乡二元户籍制度的双重受益者，部分持股居民仍可享受原集体经济组织或转型后企业提供的利益分红，有的人还拥有宅基地住房产权	试图在维护原有合法权益的基础上在其他方面获取与城镇居民同等的权益，维系双重受益的既有格局	总体上"半市民化"

此外，推进发达地区非农化乡村常住人口市民化，还需要纳入时间维度进行考量。例如，如果外来村民随非农化乡村"村改居"转型为"村改居"社区居民，或者转型为常住地其他城镇社区居民，得到了与常住地居民均等的基本公共服务待遇，是否应该放弃他在老家作为村民所拥有的种种权益？因为如果转入本地户籍的外来人口长期可以"两头沾"享受好处，不仅对其老家的农民和常住地的其他外来人口有失公正，而且也必然不利于他自身在常住地的本土化转型或城镇化转型，这就有悖于让其入籍常住地城镇的初衷。又如，无论是以先换牌后转制方式实行的"村改居"，还是以先转制后换牌的方式实行的"村改居"，是否一旦完成"村改居"，"村改居"社区居民得到了与城镇居民同等的福利待遇，转型居民就应该自动放弃过去以村民身份在宅基地、计划生育、福利津贴等方面所享受的种种优惠待遇？因为如果转型居民长期可以"两头沾"享受好处，对纯粹的城镇居民来说必然有失公正，而且这样也不利于转型居民真正实现市民化，甚至有可能导致都不愿意"农转非"，甚至渴望"非转农"等与城镇化进程背道而驰的现象。① 从目前的制度安排看，既有现阶段不得以退出土地承包权、宅基地使用

---

① 某市提供的调研汇报材料显示，长期以来，在城乡二元户籍制度下，依附在农业户口上的如生育政策、农业补贴、入伍退伍补贴等利益与城镇居民户口有明显差别，农业与非农业户口的福利待遇难以均等化，主动申请"农转非"的人员基本没有，还时有发生"非转农"不成而信访投诉的事件。

权、集体收益分配权作为进城落户的条件①的要求，也在倡导积极探索土地承包权、宅基地使用权的退出机制。由此看来，解决"两头沾"问题，无论对转型村民还是对转型居民来说，都将是市民化最终完成需要妥善处理的重大难题。

（四） 常住人口市民化和土地之间有密切的联系

前面的分析表明，发达地区非农化乡村不同类型、不同地域的常住人口市民化，在市民化诉求与逻辑以及市民化的技术路线等方面，都具有显著的区别。但所有作为市民化对象的常住人口的市民化也有关键性联结点，或者说具有共性特征。如前所述，发达地区非农化乡村常住人口市民化能否顺利推进，跟土地发展类型和使用逻辑密切相关，只有将土地收益和人的权益有效结合才能实现经济发展和社会稳定的双赢。都和土地之间有密切联系，便是发达地区非农化乡村常住人口市民化的主要联系或共性特征。从实证调研的情况来看，如表 6-4 所示，农业转移人口市民化过程中面临着三种模式选择：一是政策驱动的人地分割。在政府主导的土地征收政策下，必然导致失地的农业转移人口难以获得土地增值收益；同时，只要地、不要人的模式也会导致人口城镇化严重滞后于土地城镇化，使得农业转移人口市民化面临困境甚至倒退。二是市场主导的人地互构。自由放任的市场机制有利于土地非农化利用地区的农民获得土地增值收益，但将抬高征地和城镇化成本，并导致不同地区农业转移人口的利益再分配不公平。三是公共服务主导的人地同步。把有效市场与有为政府有机结合起来，利用城镇公共服务供给手段有效调节土地收益分配与城镇化成本，有效平衡农民市民化动力与各种权益保障，有效推进以人为核心的农业转移人口市民化。

---

① 《中共中央、国务院印发〈乡村振兴战略规划（2018—2022 年）〉》，《国土资源》2018 年第 10 期，第 35 ~ 37 页。

表 6 - 4　三种模式选择与市民化过程中的人地交互逻辑

模式	交易成本	利益分配
政策驱动的人地分割	经济成本低，社会成本高	政府支付成本低，土地收益高，但本地农业转移人口获利少，社会成本高
市场主导的人地互构	经济成本高，社会成本高	政府支付成本高，土地收益高，本地农业转移人口获利多，成本转嫁给外来农业转移人口
公共服务主导的人地同步	经济成本、社会成本动态均衡共变	本地农业转移人口和外来农业转移人口一起共享土地收益和城镇化收益

因此，对发达地区非农化乡村常住人口来说，需要充分考虑和激活土地的发展功能和保障功能，在城镇建设、村集体利益和村民利益之间找到合理的联结点，唯有如此才能真正实现市民化的稳步推进。

第七章

问题成因剖析

风笑天说，真正意义上的定性研究与定量研究的结合，是"用不同方式研究的结果分别回答中心问题的不同方面"①。鉴于前文以定量研究为基本方法从总体上考察辨识过发达地区非农化乡村常住人口市民身份认同分化和入户、回迁等入户选择分化，特别是分门别类地透视了发达地区非农化乡村常住人口市民化的突出问题，这里主要采用定性研究的方法，继续分门别类地剖析发达地区非农化乡村部分外来村民"未市民化"、部分本地村民"逆市民化"以及属于市民化对象的常住人口总体上"半市民化"三大突出问题的成因或生成机理。

一 "未市民化"生成机理

（一）推力拉力潜在逆行效应

在赫伯尔、博格推拉理论的基础上，埃弗雷特·李将影响迁移的因素从推力、拉力因素拓展为原住地、目的地、介入障碍和个人因素四大

---

① 风笑天：《定性研究与定量研究的差别及其结合》，《江苏行政学院学报》2017年第2期，第68~74页。

要素。[①] 这里主要运用埃弗雷特·李的人口迁移理论，从影响原住地迁移推力和目的地拉力的负面因素、介入障碍因素和个人因素三个方面深入探讨发达地区非农化乡村部分外来村民"未市民化"问题的生成机理。所谓影响原住地推力与目的地拉力的负面因素，就是指人口迁移中与迁出地正向推力伴生的逆向拉力和与迁入地正向拉力伴生的逆向推力。

在接受本课题组二对一深度访谈时，有回迁意愿的外来村民曾吐露眷恋故乡的心声。F35GY（男，物业管理从业者）说：我母亲不愿意随迁。我母亲和我们两口子都有确权了的承包地。我们想自己开发，等交通条件好一点再回去。有能力转不转都一样生存。我经常看新闻，乡村振兴战略长期发展下去还是蛮好的，将来城市和农村也没多大区别。显然，F35GY 有回迁意愿的缘由，一是在于对故乡亲情、土地深深眷恋，二是现在故乡正在嬗变可以对未来充满期待。孟德拉斯说："与工业的狂热相对照，农民的明哲适度似乎是永恒的；城市和工业吸引着所有的能量，但乡村始终哺育着恬静美满、安全永恒的田园牧歌式幻梦。"[②] 按常理，除非在故乡曾经受到过极深的伤害，眷恋故乡一般是身在异乡者永恒的情怀。外来村民对故乡的眷恋是与生俱来的，而且离开故乡时间越长、在异乡的境遇越差、家乡越有好转的迹象，一般越会加倍思念故乡。现在，家乡的土地正在开始凸显其财产性功能；社会保障已经大大优于以往；乡村振兴战略正在抓紧推进。可见，从迁出地来分析，受访人希望回迁，是因为在多重因素共同作用下，迁出地正向推力已伴生了逆向拉力。但也需要指出，全国范围内经济社会发展水平城乡差距、区域差距较大的现实尚未发生根本性改变，国家推进市民化运

---

① R. Herberle, "The Causes of Rural-urban Migration: Asurvey of German Theories. American," *Journal of Sociology*, 1938, 43 (6): 932 – 950; D. J. Bogue, "Internal Migration," in M. H. Philip, O. D. Duncan, eds., *The Study of Population: An Inventory Appraisal*, Chicago: University of Chicago Press, 1959: 486 – 509; E. S. Lee, "A Theory of Migration," *Demography*, 1966, 3 (1): 47 – 57.

② 〔法〕H. 孟德拉斯：《农民的终结》，李培林译，中国社会科学出版社，1991，第 6 页。

动的力度也非常强劲，这种潜在的逆行反转现象尚未扭转所有外来村民走向市民化的大趋势。

深度访谈中部分外来村民对是否想成为本地市民这一问题的无奈回应也发人深思。F10BG（女，机械厂工人）说：目前来说还不大可能。他们引进的人才有可能，我们现在达不到那些条件。我们打工的很少人能达到要求。120分嘛，很不容易。F50GN（女，广告店老板娘）说：感觉政策优惠对外来人口力度不大，我认识很多来这边七八年十多年的，都没有入户。感觉对本地人福利较好，会开放教育资源和补贴。外地人跟不上。身边有朋友小孩从幼儿园攒积分，还要做公益做很久，做够时间才算积分。上述两位受访人尽管内心深处可能潜藏着市民化诉求，但其回应总体上都指向迁入地较高的落户门槛或差别化落户政策，即受到中观制度环境的制约。换言之，尽管当前中国正向的推力和拉力仍然是外来村民市民化的主要动力，但对部分外来村民而言，迁入地的拉力潜藏着逆行性反转，已在一定程度上成为当前发达地区非农化乡村部分外来村民"未市民化"的重要影响因素。当然，这种现象的发生，与输入地的资源承载力有限有很大关系。

（二）身份区隔犹存历史惰性

布迪厄在其著作的引言中把以"趣味判断"区分社会主体以使"社会差异合法化"的现象称作"区隔"。[①] 这里借用区隔概念，说明部分外来村民的市民化身份转变被既有的城乡、区域、场域结构所隔离、阻断的现象。对部分外来村民来说，身份区隔现象，正是埃弗雷特·李所说的介入障碍因素的集中反映。身份区隔格局是在特定国情制约下的历史发展中长期形成的。尽管"冰冻三尺非一日之寒"，但这些区隔确实仍然在不同程度上阻碍着非农化乡村外来村民的市民化进程。

一是城乡身份区隔。费孝通早就注意到，群众语言中的"街上人"

---

① P. Bourdieu, *Distinction: A Social Critique of the Judgement of Taste. Translated by Nice R*, Cambridge Mass: Harvard University Press, 1984: 1–7.

"乡下人",从"分层模式"上看,就"含有高低之别"①。李强也曾发现,随着民工潮的发展,中国已形成由城市、农村和流动于城乡之间的农民工群体共同相持鼎立的"三元社会结构"②。从户籍属性上看,非农化乡村外来村民应属于乡乡移民,不应该存在城乡身份区隔问题。但发达地区的非农化乡村一般地处城郊、镇区乃至属于城中村,外来村民也既有非农化职业身份又有村民户籍身份,其外部环境和内在身份都存在既"非城非乡"又"亦城亦乡"的悖论,自然也要艰难地面对城乡身份区隔。有的外来村民在独特的地理空间里仰望城镇,既能感受到城镇的繁华程度与老家的乡村相比可以说有天壤之别,令他羡慕不已,也能体会到城镇的灯红酒绿与他毫无关系。他拿到微薄的薪酬,交完房租、留下伙食费、寄完钱给老家之后便已所剩无几,更何况城镇的消费水平与自己的收入完全不在一个档次。他认为,本地城镇与老家乡村之间的巨大鸿沟,也许他今生无论怎样努力都无法逾越,因而对市民化失去信心。这就会加剧其基本上"未市民化"的状态。

二是区域身份区隔。外来村民的户籍所在地通常属于欠发达地区,至少是相对落后地区;常住地则通常属于发达地区,至少是相对发达地区。不同区域发展的差距,通常会延伸到不同区域身份者利益分配或社会福利上的差距。访谈调研中问到外地人和本地人有什么区别时,外来村民 F42GS(男,物业管理从业者)尖锐地回答道:现在还不想迁户口,因为迁来也分三六九等,社会福利都是照着"本地人—迁来户—未迁来外地人"的等级顺序分配的。座谈调研时本地村干部 Z30G4(男,村负责人)也坦率地说:本地人搬进了集中居住的小区,有不同程度的福利;外来人多数住在出租屋里,什么福利都没有。由此可见,从外地人转为本地人的身份认同角度看,外来村民本土化融入将是一个漫长的过程。就部分外来村民而言,本地再富裕,与他也没多大关系,他找不到几个熟人,说话也有些听不懂,只能赚点辛苦钱;而老家再贫

---

① 费孝通:《小城镇,大问题》,《江海学刊(南京)》1984 年第 1 期,第 6~26 页。
② 李强:《农民工与中国社会分层》,社会科学文献出版社,2004,第 384~391 页。

穷，但遍地都是亲朋好友，满耳都是亲切的乡音，不会有低人一等的感觉。

三是场域身份区隔。根据布迪厄等的论述，所谓场域，是指"位置间客观关系的一个网络或一个形构"①。这就表明，场域至少包括既互相联系又各不相同的经济、社会关系网络或形构空间。经济场域的身份区隔，是对包括非农化乡村外来村民在内的农民工市民化制约最大的场域身份区隔。当然应该肯定，经济场域中很多人对外来村民充满人文关怀，在吸纳外来村民就业等方面也确实发挥了重要作用。但以最小的成本获取最大的效益，毕竟是经济学的铁律。黑心肠的老板在现实生活中也确实存在，不然国家也不至于要一而再，再而三地整治拖欠农民工工资问题，并自2020年5月起施行《保障农民工工资支付条例》。社会场域的身份区隔，至少可以通过"标签化""污名化"现象说明。例如，现在仍有部分人为农民工建构了"城市问题制造者""馋嘴民工""邋遢鬼"等种种文化符号；个别人基于身份地位优越感形成偏见，甚至蔑视农民工。

总之，正是城乡身份区隔、地域身份区隔与场域身份区隔错综复杂地交织在一起，构成了市民化的森严壁垒或中间介入障碍，进一步加剧了正向拉力的逆行。

（三）权能不足被迫游走边缘

权能不足被迫游走边缘，就是埃弗雷特·李所说的个人因素。这里的权能，主要指外来村民的权益与能力。权益是客观要件，包括权力与利益，权力是决定利益的主要因素；能力是主观要件，包括素质与技能，综合素质是形成专业技能的重要前提。权益与能力互相影响，权益影响能力的提升，能力影响权益的获取。陆学艺早就注意到了农民工还

---

① 〔法〕皮埃尔·布迪厄、〔美〕华康德：《实践与反思：反思社会学导引》，李猛、李康译，邓正来校，中央编译出版社，2004，第133~134页。

不能与城市居民"同工同酬、同工同时、同工同权"①的现象。现在，从权益看，部分外来村民仍处于就业拼劳力、薪酬较低廉、入籍如登天等民事权益缺失境遇，尚处于住在出租屋、生活太基本②、子女入学难等社会权益缺失境遇，尚处于组织双脱嵌、有法难维权、治理成对象等政治权益缺失境遇。现在看来，包括外来村民在内的外出农民工，恐怕还是城镇常住人口社会保险中的短板。从能力看，现在，部分外来村民普遍只有初中、高中文化程度，较少有人持有能够稳定就业的技能证书，社会资本十分有限，被迫只能从事报酬偏低的体力劳动或简单劳动。从实证调研情况来看，外来村民谈论最多、最关心的权能缺失因素是同工不同酬、分配不均所导致的收益偏低。当然，还有享受的基本公共服务不均等、外来村民自身能力不足与社会资本缺乏等影响因素。至于获得政治权益以及社会融入等，对部分外来村民来说，尚是可望而不可即的高层次需求。

部分外来村民在非农化乡村"内卷化"③聚居，事实上处在游走于迁出地与迁入地之间的状态，或游走于城乡、区域、场域边缘的状态。课题组座谈调研时，村干部 Z30G4（男，村负责人）说：我们搞活动，外地人都可以来参加。但镇干部 Z20WW（女，镇综治维稳办公室负责人）却坦言外来村民融入本地的积极性并不高，她说：我们镇这些年发案数大幅度下降，警情在向好的方面发展，但第三方评价的安全满意度、外来人口参与度还是评估的弱项。学术界也注意到了农民工的游走边缘状态。周大鸣发现，农民工与市民相对隔离，形成了"二元社

---

① 陆学艺：《"三农"新论——当前中国农业、农村、农民问题研究》，社会科学文献出版社，2005，第266页。

② 有不愿意透露身份信息的访谈对象曾做过以下比喻：发达地区非农化乡村的本地村民享受的是坐在沙发里的生活保障；本地居民和外来居民享受的是坐在木制靠背椅里的生活保障；外来村民享受的是坐在工地砖头上的生活保障。这种比喻尽管有些片面，但还是在某种程度上比较深刻地反映了当下生活保障的分层状况。

③ C. Geertz, *Agricultural Involution：The Process of Ecological Change in Indonesia*, Berkeley, CA：University of California Press，1963：80 – 82.

区"①；胡晓红发现，游离在农村和城市之间的新生代农民工，自我认知"呈现出模糊性、不确定性和内心自我矛盾性"②；关信平、刘建娥注意到，有人将外出农民工在常住地与当地人的关系称为"没有互动的共存"③。所谓游走边缘状态，实际上是一种在就业能力、社会福利、治理参与等公民权能方面相对城镇与乡村处于黄斌欢所说的"双重脱嵌"④的状态。例如，在就业能力上，部分外来村民只能在非农化产业中从事体力劳动或简单劳动，不能真正在非农产业中占有一席之地；同时部分新生代外来村民甚至已经完全脱离了上一代的生存轨道，未掌握任何农业耕作技术。在社会福利上，部分外来村民虽然曾在户籍所在地或常住地购买了某种社会保险，但其他福利待遇往往两头都靠不着。至于治理参与就更加边缘化了，有的连组织关系也没转到常住地，既未在老家缴纳过党费、团费，也未在常住地参加过党团组织生活。吴越菲认为，行动者视角下的农业转移人口市民化实际是一种"选择性市民化"，具有"以最大化的稳定性和最小化的撕裂性变动来完成转型的主体倾向"⑤。总之，权能不足被迫游走边缘，既是推力拉力逆行、身份区隔的结果，也是导致部分外来村民"未市民化"最直接的因素。

二　"逆市民化"生成机理

马克思主义认为，"人们奋斗所争取的一切，都同他们的利益有

---

① 周大鸣：《永恒的钟摆——中国农村劳动力的流动》，载柯兰君、李汉林主编《都市里的村民——中国大城市的流动人口》，中央编译出版社，2001，第304页。

② 胡晓红：《社会记忆中的新生代农民工自我身份认同困境——以S村若干新生代农民工为例》，《中国青年研究》2008年第9期，第42~46页。

③ 关信平、刘建娥：《我国农民工社区融入的问题与政策研究》，《人口与经济》2009年第3期，第1~7页。

④ 黄斌欢：《双重脱嵌与新生代农民工的阶级形成》，《社会学研究》2014年第2期，第170~188页。

⑤ 吴越菲：《农业转移人口的"选择性市民化"：一项类型学考察》，《中国农业大学学报》（社会科学版）2016年第2期，第32~40页。

关""'思想'一旦离开'利益',就一定会使自己出丑"①。课题组立足于实证调研了解掌握的情况,借鉴国内外相关研究成果,聚焦于影响部分本地村民的利益关系,从行动者的利益获取、利益维护、利益预期三个方面分析部分本地村民"逆市民化"的生成机理。

(一) 兼取城乡之利怡然自得

对发达地区非农化乡村部分本地村民而言,现在最大的好处可能是能够兼取城乡之利。深度访谈时镇干部 Z18JX(男,镇经济发展和科技信息局负责人)说:现在村民基本上不愿意转为居民,我就是,因为可以享受村里的福利。如 15 年教育、医疗都免费,② 还有帮你买养老保险、医疗保险等。这位镇干部的身份就是本地村民,这便是以个人为单位兼取城乡之利的表现。本地居民 F07BG(男,原工人)说:我和爱人、两个儿媳和孙女都是城镇居民户口,但两个儿子和孙子都在本村保留了乡村村民户口。一家两种户籍,是以家庭为单位兼取城乡之利的表现。③ 本地村民 F03WT(男,茶馆老板)说:我们村在市区上班的人也没有把户口迁出去。谁可能会把户口迁出去,都不愿意。因为城市的东西他们一样享受,村里每年还能按股份制享有村集体收入的分红。这是以群体为单位兼取城乡之利的表现。课题组在实地考察调研中还发现,本地村民兼取城乡之利,不仅表现在可以在城镇工作把户口留在村里,以及非农化乡村有高额的分红和优越的福利,而且还表现在不少非农化乡村的公园、绿地、沟渠、住房等公共环境和商场、农贸市场、学校、

---

① 〔德〕马克思:《第六届莱茵省议会的辩论(第一篇论文)》,载中共中央马克思、恩格斯、列宁、斯大林著作编译局编译《马克思恩格斯全集》(第 1 卷),人民出版社,1956,第 82 页;〔德〕马克思、〔德〕恩格斯:《神圣家族》,载中共中央马克思、恩格斯、列宁、斯大林著作编译局编译《马克思恩格斯全集》(第 2 卷),人民出版社,1957,第 103 页。

② 据该镇干部 Z13SG(女,镇社会工作委员会负责人)解释,这里的 15 年教育,是指 3 年幼儿园教育、9 年小学到初中的义务教育和 3 年高中教育。但该镇只有本镇本地户籍人口才享受免费之福利待遇。

③ 非农化乡村一个家庭两种户籍的情况,不仅存在于本地村民、本地居民中,也存在于外来村民、外来居民中。对此本书第四章、第五章均做过分析。

图书馆、运动场馆等设施，已经可以与城镇媲美。在这种条件下，本地村民的生产生活方式也在一定程度上融入了城市文明的基因。在非农化乡村高度集聚的某镇，座谈调研时镇干部 Z20WW（女，镇综治维稳办公室负责人）就认为：生产生活方式，我们镇的乡村户籍村民与城镇户籍居民已没什么区别。

能够兼取城乡之利，自然怡然自得，乐在其中。访谈调研中本地居民 F06BG（男，原村医）说：我和爱人是城镇居民户口，女儿是乡村村民户口。我和爱人的城镇居民户口都是 2004 年土地被城镇化征用时获得的。获得城镇居民户口当然有好处，有稳定的养老保险、医保。但村民户口更好啊。我女儿现在有农龄分红，有农田流转补贴，而且企业还帮她买了社保。在座谈会上谈到是否会转城镇居民户口时，本地村民 Z02WT（男，村农民艺术家）甚至斩钉截铁地说：我们现在生活在天堂一样的环境，收入高，不想转。布迪厄等说，惯习"是一种社会化了的主观性"，"场域形塑着惯习"①。非农化乡村不是单一属性的地理空间，本地村民的利益构成、价值取向、生活范式都构成独具特色的经济、社会子场域，并在不断演变与发展中形塑着独特的惯习。正因为如此，在发达地区非农化乡村部分本地村民看来，李强所说的"乡村生活的城市化"②，也许是一种比较理想的选择；或者王春光所说的城乡两栖的"第三条城镇化之路"③，也许是更适合其独特场域和惯习的道路。因此，兼取城乡之利怡然自得，即利益获取的必要性，是发达地区非农化乡村部分本地村民"逆市民化"倾向的重要生成机理。

（二）　维护既得利益韧性抵制

发达地区非农化乡村地处城郊、镇区或城中，非农化发展具有得天

---

① 〔法〕皮埃尔·布迪厄、〔美〕华康德：《实践与反思：反思社会学导引》，李猛、李康译，邓正来校，中央编译出版社，2004，第 134、170、172 页。
② 李强：《农民工与中国社会分层》，社会科学文献出版社，2004，第 348 页。
③ 王春光：《第三条城镇化之路："城乡两栖"》，《四川大学学报》（哲学社会科学版）2019 年第 6 期，第 79～86 页。

独厚的地缘优势，不仅其就业薪酬大大高于农业收入，而且土地征收等也可以带来丰厚的补偿，由此村民的各种福利也都得到相应的提升。访谈调研时本地村民 F26YL（女，楼道长）对这种状况的描述比较典型：我们村 1998 年有土地确权的村民，每人每年可获得确权土地分红；拆迁时每户安置一套房子，人比较多的安置两套房子甚至三套房子；村民有生活补助或菜金补贴；年龄高的老人有尊老金，家庭困难的残疾人等有社会救助；小孩上学有补助，好的大学毕业有奖学金；每家每年一般还有文明家庭奖。座谈调研中，本地村民 Z25GD（男，村负责人）则道出了"逆市民化"的关键所在：乡村村民户口现在不想改城镇居民户口，主要是因为有分红。不动分红的话，改不改都无所谓。所谓既得利益，既是指人们已经获得的各种可以自由支配的物质利益，也是指为特定法规制度所保护并在将来可以由自己自由支配的物质利益。既得利益本义是陈述客观事实的中性词。至于是否有非法获取之贬义，尚需具体情况具体分析。

为维护既得利益，部分本地村民对市民化有抵制情绪。访谈调研时本地村民 F03WT（男，茶馆老板）的阐述比较全面且具有较强的代表性：大家肯定都想保留宅基地使用权。叫你搬到农民房里去，赔你这么点钱，谁愿意？在宅基地上建个自己的小别墅，住得多舒服。地都要变成国有，种个菜都没法种。院子全都帮你改造掉了，什么都不能养，连养狗都说不定哪天被城管（城镇管理人员）抓了去了。座谈调研时，Z26GY（男，村负责人）则从村干部的角度展开了分析：有些村民有自己的思维方式，他们不管所有权、承包权、经营权有什么差别，通常把上面所有的部门和七所八所等一律叫"政府"，他们往往直白和自信地表达自己的想法，向他们讲道理也不听。正因为这样，现在很多小事变成了大事，好事变成了坏事。

本地村民为维护既得利益本能地抵制市民化，还有一个可以反向观察的视角。在课题组实地调研所到的 7 个发达地区非农化乡村中，无论基于何种理由，尚未发现有一例城镇居民户口转为村民户口。本地居民 F14BG（男，居家老人）就无奈地说：重新变成村民户口？不让变啊。

从上述情况来看，部分本地村民对市民化进行了于肖楠、张建新所说的"韧性"[①] 抵制。布鲁默认为，社会变迁引起个人心理上的恐惧不安时，人们会加入集体行动中予以抵制[②]；李烨、刘祖云也指出，缺乏传统村落价值体系约束的失地农民倾向于遵从利己主义的行为原则[③]。上述分析表明，维护既得利益韧性抵制，即利益维护的必然性，也是发达地区非农化乡村部分本地村民"逆市民化"倾向的重要生成机理。

（三）反思既往得失待价而沽

在不少本地村民看来，到手的东西才是靠得住的东西，没到手的东西说得天花乱坠也靠不住，所以不想匆匆忙忙"农转非"。访谈调研中，本地村民 F18YL（男，农民）就满足于现状：现在我们家的生活状况总体上还可以。我不知道"农转非"能不能让我们的生活过得更好。

在实地调研中课题组还发现，部分本地村民对传统城镇化得失的反思，最后都殊途同归地成为"逆市民化"的理由。这类本地村民说到传统城镇化背景下的"被动市民化"，主要话题集中于征地的补偿额。一种看法是当年的补偿额太低，后来补偿额越来越多，当年以土地换取农业户籍转非农业户籍吃了大亏，现在要汲取过去的教训，只能不着急，慢慢来。座谈调研中，本地村民 Z26GY（男，村负责人）就如是说：我们村过去一直是被动征地，被动城镇化，不少人发现历次征地前后的政策差距太大，产生了很大的心理落差，后悔，觉得"村改居"、市民化还是慢点好。不如把资源留在这里，等政策。另一种看法是当年

---

① 于肖楠、张建新：《韧性（resilience）——在压力下复原和成长的心理机制》，《心理科学进展》2005 年第 5 期，第 658～665 页。

② H. Blumer, "Elementary Collective Behavior," in Alfred McClung Lee, eds. , *New Outline of the Principles of Sociology*, New York：Barnes&Noble. Inc, 1946：170－177.

③ 李烨、刘祖云：《拆迁安置社区变迁逻辑的理论解释——基于"制度－生活"的分析框架》，《南京农业大学学报》（社会科学版）2016 年第 6 期，第 34～40、153 页。

的补偿额从数字上看比现在低，但当年的钱比现在的钱值钱，就算现在的补偿额高出当年多少倍，实际上也比当年低得多，所以现在必须等价格上涨，也不能急，也只能慢慢来。访谈调研中，当问及是否想由村民转市民时，本地村民 F03WT（男，茶馆老板）就回答道：我想一般不会愿意，除非你像 20 年前一样。那时候穷，房子又没那么贵，一听拆迁高兴死了。现在碰上拆迁那是没办法才愿意，条件好一点的话是不愿意的，你说吃喝拉撒都不愁的，要这个钱有什么用。赔偿相对而言绝对比原来低得多。所以这两种思路的本质都是要待价而沽。座谈调研中，本地村民 Z26GY（男，村负责人）还说：有些村民甚至觉得，还不如把地分给我们，到时候要征地时我们自己去谈判。

从上述情况来看，正如刘天旭、郑恺所说，强力推进撤村并"居"等，确实在一定程度上导致了"被动市民化"现象。[1] 反思传统城镇化得失待价而沽，事实上已经使新型城镇化道路上本地村民市民化的难度大大增加。新型城镇化道路上的市民化难以摆脱传统城镇化的影响，既非市民化对象之福，也是非农化乡村健康发展之隐忧。格尔曾指出，当人们的期望值高于实际所得、源于心理落差的"相对剥夺感"增强时，人们加入社会运动的可能性就会大大加强[2]；戴维斯甚至认为，当经济快速发展后突发经济衰退时，人们便会因与其经济预期大相径庭而起义[3]；阿克塞洛德也相信，基于对未来收益增长的计算，人们会选择加入合作性的集体行动[4]。上述分析表明，反思既往得失待价而沽，即利益预期的不确定性，也在一定程度上构成发达地区非农化乡村部分本地村民"逆市民化"倾向的重要影响因素。

---

[1] 刘天旭、郑恺：《改革开放以来我国农民被动市民化的历史演变》，《农村经济》2012 年第 12 期，第 113～116 页。

[2] T. R. Gurr, *Why Men Rebel*, Princeton：Princeton University Press，1970：25.

[3] J. C. Davies, *When Men Revolt and Why：A Reader in Political Violence and Revolution*, New York：Free Press，1971：44－56.

[4] R. Axelord, *The Evolution of Cooperation*, New York：Basic Books，1984：195.

三　"半市民化"生成机理

（一）深层桎梏是制度路径依赖

本书第六章已经说过，一般意义上的"半市民化"，就是发达地区非农化乡村农业转移人口总体上的市民化状态。习近平也曾强调，现在"二亿多农民工和其他人员"还"处于'半市民化'状态"。[①] 本课题组在发达地区非农化乡村的半结构化访谈、座谈会、实地考察等不预设任何制度情境前提下的调研结果，也与发达地区非农化乡村农业转移人口总体上处于"半市民化"状态的判断大致相符，对市民化持肯定或中立态度者占多数。下面将立足于中国治理体系与治理能力现代化的需求，从中国现实情况出发，从路径依赖、制度效能、理性选择三个视角，分析发达地区非农化乡村作为市民化对象的常住人口总体上普遍存在的"半市民化"问题的生成机理。

许加明、陈友华说，社会科学的科学性"取决于最终的研究结果能否揭示真正的社会机制和社会事实"[②]。为实现这一目标，定性研究应该可以如弗利克所说"将情境背景因素包括在分析之中以提高其复杂性"[③]。这就可以利用半结构访谈、座谈调研能够面对面地进行开放式追问的优点，通过情境背景因素透过极其复杂的社会现象更为深刻地揭示其内在本质。本课题组就此进行了尝试，并且发现了颇为耐人寻味的现象。

实证调研发现，在本课题组不预设任何制度情境的首次答问中对市民化持否定意向的转型村民，在本课题组根据新型城镇化的原则要求与

---

① 习近平：《在中央城镇化工作会议上的讲话》，载中共中央文献研究室编《十八大以来重要文献选编》（上），中央文献出版社，2014，第593页。

② 许加明、陈友华：《数据质量、前提假设与因果模型——社会科学定量研究之反思》，《社会科学研究》2020年第2期，第130～139页。

③ U. Flick, *An Introduction to Qualitative Research* (4th Edition), London: Sage Publications, 2009: 91.

调研对象共同修订制度情境因素的前提下的再次答问，绝大多数人都转向了对市民化持肯定意向或中立意向，只有有极个别人仍坚持否定意向。例如，当访问人询问前面列举过的外来村民 F10BG（女，机械厂工人）"如果不一定是上海，你想不想把乡村村民户口换成城镇居民户口"时，她的首次回答是：没有这个想法，没有特别地去想换这个户口。当再度询问她"你觉得国家控制大城市落户、鼓励小城镇落户的现行政策，在哪些方面还需要完善"时，她的回答是：如果我们回老家能享受在上海交的医保，回老家的话能拿到上海的退休工资（养老金），我觉得回老家县城落户也没什么问题，在老家的市里面落户也没问题，无所谓是在老家还是在上海。显然，医疗保险、养老保险实现异地接转，都属于新型城镇化的原则要求。不仅如此，在首次答问中主导性意向否定市民化的转型村民，也有人自行表达与新型城镇化的原则要求相吻合的诉求，或者说是在自行修订制度情境后同时表达了对市民化的肯定性或中立性意向。前面列举过的本地村民 Z25GD（男，村负责人）回答的不动分红的话，改不改都无所谓，就属于自行修订制度情境后表达的中立性意向。显然，已经在集体经济组织得到股份确权的本地村民，无论以规范或不规范的方式实现"村改居"，都能够继续在保留的集体经济组织或已经转型的现代化企业中依法获得自己的股份分红，这也与新型城镇化的制度情境相吻合。总的来看，改变制度情境后转型村民对市民化持肯定和中立态度者，已由不预设任何制度情境时的多数转变为绝大多数。

本课题组还曾面对面调查非农化乡村外来居民、本地居民以及其他相关人员。[①] 他们在首次选择或主要选择时对市民化的表态，绝大多数

---

① 其他相关人员指与非农化乡村相关的上级机关、部门工作人员和城镇社区干部。除镇干部 Z18JX 户籍属性仍为本地村民将其计入本地村民外，其他全部为城镇户籍居民。这些城镇户籍居民的表态是他们是否赞成或支持市民化的表态，而不是课题组测量他们本身的市民化程度的表态。这些城镇户籍居民中，有从未离开过乡村的"农转非"转型居民，但更多的是来自传统城镇社区的城镇居民或完成市民化转型的回迁居民。因此，不可用这些城镇户籍居民的态度代表所有转型居民的市民化态度。

是肯定和中立的；在根据新型城镇化的原则要求修正制度情境之后，更是几乎所有人都对市民化持肯定或中立态度。这就表明，包括从未离开过乡村的"农转非"转型居民在内的城镇户籍居民，其市民化态度也均因制度情境的修订发生了相应的变化。上述情况表明，制度情境的改变，使发达地区非农化乡村作为市民化对象的常住人口的市民化意向发生了深刻变化。传统城镇化时期，宏观性的制度安排总体上注重乡村土地城镇化、区域规模城镇化、建筑外观城镇化等形式上的城镇化，财税制度安排在中央与地方之间、城镇与乡村之间、迁入地与迁出地之间都在一定程度上存在事权财权不一致的现象，严重忽视农业转移人口权能等内容上的市民化。可见，之所以有部分转型村民或从未离开过乡村的"农转非"转型居民在首次答问中对市民化完全或基本上持否定意向，很大程度上是因为人们在一定程度上对传统城镇化制度或现阶段受传统城镇化历史惯性支配而演化出的各类变种性制度存在被锁定在某种无效率状态之下的"路径依赖"[①]，对新型城镇化制度安排缺乏正确认知或新型城镇化制度优化或执行仍不到位；之所以在改变制度情境后全体转型村民、从未离开过乡村的"农转非"转型居民对市民化持肯定和中立态度者由多数转变为绝大多数，或由绝大多数转化为几乎全部，很大程度上是因为人们渴望摆脱路径依赖，对新型城镇化深入推进充满期盼。

　　遗憾的是，此次实地调研中没有专题访问非农化乡村转型村民转化而来的"村改居"社区转型居民的市民化意向，仅在发表的论文中专题探讨过"村改居"社区原村民（转型居民）的"半市民化"问题。但无论是规范转型还是不规范转型的"村改居"社区，无论是社区的地理位置、居住环境、治理体系，还是常住人口的思维方式、生活方式、场域惯习，都会在一定程度上仍然具有"亦城亦乡""非城非乡"

---

① D. C. North, *Institutions*, *Institutional Change and Economic Performance*, New York: Cambridge University Press, 1990: 11.

的转型特质。因此，李棉管所说的"村改居"社区的"路径依赖"①，事实上既有对李友梅分析过的"快速城市化"②时期的制度路径依赖，也有现阶段受传统城镇化历史惯性支配而演化出的各类变种性制度路径依赖。综上所述，想要弥补个体行动者片面强调自身权益的局限性，需要重点关注制度存续过程与变迁机制。③换言之，被传统城镇化制度锁定在无效率市民化状态之下的"路径依赖"，既是导致转型村民存在"半市民化"问题的深层桎梏，也是导致包括从未离开过乡村的"农转非"居民和由非农化乡村转型村民转化而来的"村改居"社区居民在内的转型居民存在"半市民化"问题的深层桎梏。

（二）瓶颈制约是治理效能不高

邓小平认为，"制度好可以使坏人无法任意横行，制度不好可以使好人无法充分做好事，甚至会走向反面"④；中共十九届四中全会也突出强调要"把我国制度优势更好转化为国家治理效能"⑤。本书第三章探讨了中国改革开放以来特别是实施以人为核心的新型城镇化战略以来发达地区非农化乡村常住人口市民化制度变迁的历史进程、显著成就和重要启迪。但是，从社会治理的角度考察"制度的演化"⑥，受社会主义初级阶段基本国情、相关组织运行失范等因素的制约，中国要用几十

---

① 李棉管：《"村改居"：制度变迁与路径依赖——广东省佛山市 N 区的个案研究》，《中国农村观察》2014 年第 1 期，第 13 ~ 25 页。

② 李友梅：《浦东新区城市化过程中的农民问题研究——以严桥镇及其管理的社区为案例》，《上海大学学报》（社会科学版）1999 年第 3 期，第 89 ~ 96 页。

③ C. Kundsen，"Modelling Rationality, Institutions and Processes in Economic Theory," in U. B. Maki, B. Gustafsson, C. Knudsen, eds., *Rationality Institutions and Economic Methodology*, London：Routledge, 1993：265 – 299.

④ 邓小平：《党和国家领导制度的改革》，载中共中央文献编辑委员会编《邓小平文选》（第 2 卷），人民出版社，1994，第 333 页。

⑤ 《中共中央关于坚持和完善中国特色社会主义制度　推进国家治理体系和治理能力现代化若干重大问题的决定》，《人民日报》2019 年 11 月 6 日，第 1 版。

⑥ M. D. Aspinwal, G. Schneider, "Same Menu, Separate Tables：The Institutionalist Turn in Political Science and the Study of European Integration," *European Journal of Political Research*, 2000, 38 (1)：1 – 36.

年时间完成西方发达国家几百年完成的市民化进程，也难免会在完善制度体系、提升治理效能方面出现不尽如人意之处。

一方面，制度建构在不同程度上存在张力较大、盲点犹存等现象。例如，在对非农化乡村"村改居"这一事关中国城乡基层稳定的重大问题上，虽然《中华人民共和国村民委员会组织法》《中华人民共和国城市居民委员会组织法》对设立、撤销村委会或居委会都有法定授权，对村委会或居委会的组成也有明确规定，但对"村改居"需要满足哪些条件，需要经过哪些程序，特别是村集体经济组织如何转型，集体土地与集体资产如何处置，土地征收与房屋拆迁如何补偿，转型社区的公共设施建设问题如何解决，转型村民的社会保障、福利待遇问题如何解决等，一直没有全国统一且具有权威性、系统性、针对性、操作性的制度安排，以致各地各行其是，差异甚大，带来了互相攀比、隐性抵制、待价而沽等诸多社会问题。习近平说过："制度不在多，而在于精，在于务实管用，突出针对性和指导性。"[①] 西方学者也认为，不同领域中制度逻辑不同，其影响的广度或联系的程度也有区别[②]；制度具有嵌套特性，一种制度的稳定性与影响力，与其制度安排的互补程度相关[③]。可见，制度建构中张力较大、盲点犹存等现象，已经在一定程度上构成对发达地区非农化乡村常住人口"半市民化"的制约。

另一方面，制度执行在不同程度上存在实功虚做、扭曲变形等现象。习近平说过："制度的生命力在于执行。"[④] 但是，在个别地方，在落实市民化政策时，往往会出台"干货"不多、"暗门"不少的实施意见。在实际执行中，由于跟踪监督落实不够，少有的"干货"也会久

---

① 习近平：《在党的群众路线教育实践活动总结大会上的讲话》，《人民日报》2014年10月9日，第2版。

② S. D. Krasner, "Sovereignty: an Institutional Perspective," *Comparative Political Studies*, 1988, 21 (1): 66 – 94.

③ P. Hall, D. Soskice, "An Introduction to Varieties of Capitalism," in P. Hall, D. Soskice, eds., *Varieties of Capitalism: the Institutional Foundation of Comparative Advantage*, Oxford, UK: Oxford University Press, 2001: 1 – 70.

④ 习近平：《坚持、完善和发展中国特色社会主义国家制度与法律制度》，《当代党员》2019年第24期，第1~2页。

拖不决，无法兑现。正所谓"上有政策，下有对策"，一个很好的宏观制度安排，就在"大事化小、小事化了"的制度演化过程中消失于无形了。某些基层组织，还会以"村民自治"的名义，形成某些有悖公平正义的村规民约，并将其悄悄塞入市民化制度体系。在深度访谈时，本地村民 F25YL（女，社会组织秘书长）就曾介绍过她所在的村拆迁安置住房时的村规民约：如果有本村村民户口的是父亲，只要孩子户口登记成本村村民户口，就都有安置房资格；如果有本村村民户口的是母亲，只要孩子一生下来就跟母亲姓，户口也登记成本村村民户口，孩子都有安置房的资格；如果父母生了两个儿子，拆迁的时候可以安置三套房子，如果父母生了两个女儿，拆迁的时候只能安置两套房子，反正只能有一个女儿享受安置房待遇，两个儿子的话就都能享受安置房待遇。这些规定以"村籍"、性别、姓氏等作为福利标尺，多少带有身份区隔乃至封建宗法制度的烙印。可见，研究制度的治理效能，需要关注组织内部的动态。① 可见，制度执行中实功虚做、扭曲变形等现象，对市民化制度体系制度效能不高，显然具有重要的影响，已在较大程度上构成制约发达地区非农化乡村常住人口"半市民化"的瓶颈。

（三）基本障碍是公共理性缺失

一是个别地方干部，会从自身利益出发选择性遵从市民化制度，在某种程度上阻滞发达地区非农化乡村及其"村改居"社区转型村民、转型居民的市民化进程。由于面临着地方财政能力和财政分权体制的"双重约束"②，个别地方干部会从"上级的偏好"③ 或自身的"晋升偏

---

① R. Greenwood, U. R. Hinings, "Understanding Radical Organizational Change: Bringing Together the Old and the New Institutionalism," *Academy of Management Review*, 1996, 21 (4) 1022 – 1054.

② "推进农业转移人口市民化问题研究"课题组：《农业转移人口市民化研究——财政约束与体制约束视角》，《财经问题研究》2014 年第 5 期，第 3~9 页。

③ A. Downs, *An Economic Theory of Democracy*, New York: Harper & Row Publishers, 1957: 260 – 276.

好"① 出发，集中精力抓成本低、利益大并有利于自己牟利、晋升的工作，对"成本"高、"收益"小的市民化则采取有"理由"地拖延推诿、有选择地照办或隐性抵制等行动方式。例如，关于农业转移人口落户城镇要求既突出重点又统筹兼顾，② 但在某些地方就发生了多角度的畸变。有的人"仅仅明确了配套政策的基本方向"③，未将相关的土地、财税、公共服务等制度改革和政策配套到位；也有的人以"一点论"代替"两点论"，形成了仅以精英人口为重点对象、以迁入城镇为落户方式两种鲜明导向，暗中抬高农业转移人口入籍城镇的门槛，设置苛刻的条件和烦琐的程序，这就把非农化乡村的转型村民，或被视为非精英的普通外来农民工和本地农民工，都排除在了市民化对象之外。还有的地方让非农化乡村"村改居"社区像没有"村改居"一样继续自己解决公共设施建设经费等问题，无视转型居民的市民权益保障。这就导致非农化乡村及其"村改居"社区不同类别的常住人口在一定程度上产生了对市民化的逆反心态。

二是个别基层干部，从自身利益出发或因素质较低扭曲市民化制度，也会在某种程度上阻滞发达地区非农化乡村及其"村改居"社区转型村民、转型居民的市民化进程。例如，个别主管村（居）的基层干部，经常从村（居）抽人干活，或者不断地向村（居）摊派任务，只将责任下沉而不将权力和资源下沉，导致了某些村（居）的"公共服务供给碎片化"④ 现象；个别村（居）基层干部，会向上行贿保全自己的职位，会与开发商称兄道弟获取回扣，会拉帮结派担当宗族利益代言人；会横行霸道损害村民利益，会不讲原则当老好人，或者会以权力

① W. A. Niskanen, "Bureaucrats and Politicians," *Journal of Law and Economics*, 1975, 18 (3): 617 - 643.
② 《国务院办公厅关于印发推动1亿非户籍人口在城市落户方案的通知》，《中华人民共和国国务院公报》2016年第30期，第18~21页。
③ 孙林、王赛男：《农业转移人口市民化政策执行的困境与应对》，《北京劳动保障职业学院学报》2017年第2期，第3~7页。
④ 李利文：《城市基层社会管理体制变迁中的公共服务供给碎片化——基于历史制度主义的分析范式》，《行政论坛》2019年第4期，第108~115页。

寻租，在利益再分配时不是向困难的村（居）民倾斜，而是向利益输送者倾斜。更有个别人为了保护个人的既得利益，甚至刻意误导群众，暗中怂恿村（居）民出头抵制市民化。又如，农用耕地确权所确的是农户承包权而非农户所有权，但至今不少人仍将"联产承包到户"称为"分田到户"，在实际操作中更是听任土地征收后的经济补偿收益全部归有承包权确权的个人所有，甚至把其他不是股民的村集体成员都排除到了土地征收后的经济补偿收益共享者之外。另外，基层干部中也在一定程度上存在执行制度"装糊涂""拖时间"或选择性甚至扭曲性执行的现象。

三是个别常住人口，因与世无争或比较自私而抵制市民化制度的现象也会在一定程度上存在。发达地区非农化乡村及其"村改居"社区中作为市民化对象的转型村民与转型居民，最初都是传统农民。农民一般具有生存理性，总体上能够遵纪守法，安分守己，以正当的方式追求自身的合法利益，在集体行动时表现出自身的"社会公正观念、权利义务观念和互惠观念"[1]。但是，农民一般也具有"首先是一个企业家，一个商人"[2]的经济理性；也有可能为了生存安全"于身家外而漠不关心"[3]"只关心自己的家庭而不知有社会"[4]。分而论之，在外来村民中，大多数与世无争，但也有个别对历史长期形成的国情缺乏深刻认识者，甚至有公共理性缺失的行为偏激者，而且在群体性事件中一呼百应；在本地村民中，大多数淳朴憨厚、服从大局，但也会有个别人赶在乡村城镇化之前抓紧时间"种房子"，或者在乡村城镇化期间充当"钉子户"；在转型居民中，大多数能自强不息、感恩时代、回报社会，但也会有个别人只进不出，既抱住某些非法获得的乡村既得利益不

---

① 〔美〕詹姆斯·C. 斯科特：《农民的道义经济学：东南亚的反叛与生存》，程立显、刘健等译，译林出版社，2001，第 1 页。
② 〔美〕舒尔茨：《改造传统农业》，梁小民译，商务印书馆，2006，第 33 页。
③ 梁漱溟：《中国文化要义》，上海人民出版社，2011，第 68 页。
④ 林语堂：《中国人》，郝志东、沈益洪译，学林出版社，2007，第 159~202 页。

肯放手，也希望传统城镇居民所能获得的所有非正式制度供给的利益一步到位。

　　理性是西方启蒙哲学的基本概念之一。到现代社会，如果人们"因各种符合理性的宗教学说、哲学学说和道德学说而产生了深刻的分化"，那么，"稳定而公正的社会之长治久安如何可能"？罗尔斯研究发现，"没有一个确定的公共世界，理性的（理念）就会成为空中楼阁"。由此，他提出了与"私人理性"相对应的"公共理性"概念。① 此后，如何有效避免在私人理性与公共理性的博弈中陷入"公地悲剧"②，成为现代社会理性选择中的重要话题。在西方学者看来，在现代弥补片面强调外部因素的局限性，需要关注集体与个体行动者之间的权力关系、冲突和竞争③；弥补片面强调国家与组织相似性的局限性，需要关注行动者在制度产生和存续中的能动性以及行动者之间的不平等关系和利益冲突④；而实事求是的理性选择，则需要将制度视为"外生性或内生性约束"，注重"不同环境下制度呈现的结构性特征，以及不具结构性特征的规范和非正式互动模式"⑤，从微观视角研究行动者与制度和组织的互嵌。习近平也强调，要"培育自尊自信、理性平和、积极向上的社会心态"⑥。可见，在中国从微观视角研究行动者与制度和组织的互

---

① 〔美〕罗尔斯：《政治自由主义》，万俊人译，译林出版社，2000，第13、56、225~226页。
② 一群牧民面对向他们开放的草地，每一个牧民都想多养一头牛，因为多养一头牛增加的收益大于其购养成本，是合算的，尽管因平均草量下降，可能使整个牧区的牛的单位收益下降。每个牧民多养一头牛，草地将可能被过度放牧，从而不能满足牛的食量，致使所有牧民的牛均饿死。这就是公地悲剧。G. Hardin, "The Tragedy of the Commons," *Science*, 1968, 162 (3859): 1243–1248.
③ P. A. Hall, "Historical Institutionalism in Rationalist and Sociological Perspective," in J. Mahoney, K. Thelen, eds., *Explaining Institutional Change: Ambiguity, Agency, and Power*, New York: Cambridge University Press, 2010: 204–223.
④ J. L. Campbell, K. O. Pedersen, "Theories of Institutional Change in the Postcommunist Context," J. L. Campbell, K. O. Pedersen, *Legacies of Change*, New York: Aldinede Gruyter, 1996: 3–26.
⑤ 〔美〕肯尼斯·谢普斯勒：《理性选择制度主义：制度、结构及局限》，马雪松译，《学习与探索》2017年第1期，第50~56页。
⑥ 习近平：《决胜全面建成小康社会 夺取新时代中国特色社会主义伟大胜利——在中国共产党第十九次全国代表大会上的报告》，《人民日报》2017年10月28日，第1版。

嵌，要强调保护和培育公民个人追求自身合法利益的私人理性，更要保护和培育全体公民追求集体、国家、民族共有合法利益的"公共理性"①。从这个角度看，上面所列举的现象充分表明，不同层面的个别行动者在不同程度上缺失公共理性，确实在一定程度上已经构成了发达地区非农化乡村常住人口存在"半市民化"现象的基本障碍。

---

① 《追求理性从哪里起步》，《人民日报》2011 年 5 月 19 日，第 14 版。

第八章

发展思路构想

在理论架构阐释、制度变迁与市民化回眸特别是现状分析（包括市民身份认同的分化、市民化意愿及其分化、突出问题透视、问题成因剖析四章）的基础上进一步综合研究必然性与应然性，可以构想从2020年全面建成小康社会到2035年基本实现社会主义现代化新阶段上发达地区非农化乡村常住人口市民化的发展思路。这里所说的发展思路，大致包括发展方向以及与之紧密联系的基本要求。课题组认为，在此阶段，中国应该在习近平新时代中国特色社会主义思想的指导下，在总结经验教训的基础上巩固提升既有的制度优势和治理效能，以终结"未市民化"基本实现外来村民易地市民化、终结"逆市民化"基本完成本地村民原地市民化，并使非农化乡村及其"村改居"社区作为市民化对象的所有常住人口终结"半市民化"，朝着全力达成常住人口共同市民化的发展方向奋勇前进。

一 基本实现外来村民易地市民化

（一）易地迁移大潮将势不可挡

所谓"易地市民化"，是指村民由乡村到城镇改变户籍所在地的市

民化。^① 对发达地区非农化乡村而言，就是指外来村民在非农化乡村
"村改居"之后的"村改居"社区，或在其他地方的城镇社区，将乡村
村民户籍易地改变为城镇居民户籍，并使其权能不断提升的市民化。外
来村民易地市民化是外来村民"未市民化"的终结。攻坚克难基本实
现易地市民化，是基本实现社会主义现代化新阶段发达地区非农化乡村
外来村民市民化的发展方向，也属于发达地区非农化乡村"村改居"
之后的"村改居"社区常住人口沿着共同市民化发展方向奋勇前进的
奠基性工程。

整个人类社会发展史，就是一部人类不断进行易地迁移的历史。在
古代社会，没有"永嘉南渡""安史之乱""靖康南渡"之后爆发的三
次北民南迁大潮，中国昔日的"南蛮之地"不可能嬗变为今日的富庶
江南^②；在近现代社会，汉德林也曾说过，"当我想撰写一部美国外来
移民史时，我才发现外来移民就是一部美国史"^③。人类社会移民史充
分证明，正是从乡村向城镇的汹涌澎湃的移民大潮，才使人类文明突飞
猛进。在当代中国，没有包括发达地区非农化乡村外来村民在内的广大
农民工，就不可能有全国各地特别是发达地区经济社会发展的巨大成就
和空前繁荣。让在发达地区非农化乡村务工的外来村民及其家属实现易
地迁移落户城镇，既是中国新时代坚持以人民为中心走向共享发展的必
由之路，也寄托着人类社会开辟新型城镇化道路的希望与梦想，在基本
实现社会主义现代化新阶段无疑具有历史的必然性。

在基本实现社会主义现代化新阶段深入推进新型城镇化，至少有三
个方面的因素需要予以特别关注：一是尽管现在土地权益受到国家保护

① 学术界另有"异地市民化"的提法，本课题组成员也经常使用。"易地市民化"与"异
地市民化"都是指改变户籍所在地的市民化，"易地市民化"无意取代"异地市民化"
概念。这里提"易地市民化"，主要是为了与非农化乡村不改变户籍所在地的"原地市民
化"形成"动"与"静"的比较。因其可凸显"改变"之意，也许会比"异地市民化"
更为贴切。
② 李跃群：《安介生反思中国古代三次移民潮：应把财富自主权交给百姓》，《东方早报》
2012 年 3 月 14 日，第 A34 版。
③ O. Handlin, *The Uprooted: The Epic Story of the Great Migrations That Made the American People*, Philadelphia: University of Pennsylvania Press, 1973: 3.

的外来村民大都不属于失地农民，但其中也不乏值得高度关注和大力扶持的精英。谭建光调查后发现，伴随时代的发展，现在的外来青年务工人员中，就有"上班技能人，下班充电人""上班创新人，下班公益人"等类型。① 二是即便是仅从事简单劳动的外来村民，也有市民化的必要。阿尔特曼就说过：不管经济如何发展，"你无法在家通过互联网来修剪别人后院中的树""一般来说，当一国民众变得更加富裕，此类工作就会更多"②。如果轻蔑他们，很可能会坐失良机。江苏省农民工市民化课题组的问卷调研结果就表明，当受访农民工家中拥有 7～12 岁的儿童时他更倾向于不落户城镇。③ 三是从社会公平的视角来看，无论从事何种劳动，都不应该存在高低贵贱之分。否则，只要推力拉力逆行、身份区隔、权能缺失等现象继续发挥作用，再加上有乡村振兴战略的伟大激励，逆城镇化回归家乡，越来越有可能成为明天的现实。可见，让易地务工的外来村民及其家属实现易地迁移落户城镇，在基本实现社会主义现代化新阶段以人为核心的新型城镇化道路上实现新型工业化、城镇化、农业农村现代化同频共振，无疑具有现实的紧迫性。

本书第三章已经指出，改革开放以来发达地区非农化乡村常住人口市民化成就显著。从表 8-1 来看，尽管伴随着大量农业转移人口及其他常住人口落户城镇，自 2013 年以来全国外出农民工总体上已出现增速在低位徘徊的趋势，但 2019 年的外出农民工总量在新时代仍为历年最高。2019 年，全国外出农民工多达 17425 万人，占农民工总量的 59.93%。其中有配偶的占 68.8%，40 岁及以下的占 67.8%。④ 表 8-1 中的数据表明，包括发达地区非农化乡村外来村民在内的外出农民工

---

① 谭建光：《中国"外来青工"群体的发展与变迁》，《中国青年研究》2020 年第 2 期，第 42～49 页。

② 〔美〕丹尼尔·阿尔特曼：《全球经济 12 大趋势》，陈杰、王玮玮译，中信出版集团，2012，第 61～78 页。

③ 李晓溪、夏雨航：《江苏省农民工市民化意愿的影响因素分析》，《农村实用技术》2020 年第 2 期，第 4～6 页。

④ 国家统计局：《2019 年农民工监测调查报告》，《中国信息报》2020 年 5 月 7 日，第 2 版。

中，当前仍有较大的市民化潜力，仍处在市民化的窗口期或机遇期。从学术界的研究成果来看，2017 年，在广东珠江三角洲，有 96.80% 的人"喜欢我现在居住的地方"，92.80% 的人"关注现在居住地方的变化"，85.70% 的人"觉得本地人愿意接受我成为其中一员"，52.30% 的人"觉得自己已经是本地人了"。[1] 这也与本书在新型城镇化制度情境下的转型村民市民化意向定性研究结论高度吻合。可见，让易地务工的外来村民及其家属实现易地迁移落户城镇，在基本实现社会主义现代化新阶段以人为核心的新型城镇化道路上，无疑具有未来的可行性。

表 8 − 1　2012 ~ 2019 年中国外出及本地农民工规模、占比、增速比较

单位：万人，%

年份	农民工			外出农民工			本地农民工		
	规模	占比	增速	规模	占比	增速	规模	占比	增速
2012	26261	100.00	3.9	16336	62.21	3.0	9925	37.79	5.4
2013	26894	100.00	2.4	16610	61.76	1.7	10284	38.24	3.6
2014	27395	100.00	1.9	16821	61.40	1.3	10574	38.60	2.8
2015	27747	100.00	1.3	16884	60.85	0.4	10863	39.15	2.7
2016	28171	100.00	1.5	16934	60.11	0.3	11237	39.89	3.4
2017	28652	100.00	1.7	17185	59.98	1.5	11467	40.02	2.0
2018	28836	100.00	0.6	17266	59.88	0.5	11570	40.12	0.9
2019	29077	100.00	0.8	17425	59.93	0.9	11652	40.07	0.7

注：增速为与上年比较之增速。

资料来源：2012 ~ 2014 年基础数据参见国家统计局《2014 年全国农民工监测调查报告》，《中国信息报》2015 年 4 月 30 日，第 1 版；2015 年基础数据参见国家统计局《2015 年农民工监测调查报告》，《中国信息报》2016 年 4 月 29 日，第 1 版；2016 年基础数据参见国家统计局《2016 年农民工监测调查报告》，《中国信息报》2017 年 5 月 2 日，第 1 版；2017 年基础数据参见国家统计局《2017 年农民工监测调查报告》，《中国信息报》2018 年 4 月 28 日，第 1 版；2018 年基础数据参见国家统计局《2018 年农民工监测调查报告》，《中国信息报》2019 年 4 月 30 日，第 2 版；2019 年基础数据参见国家统计局《2019 年农民工监测调查报告》，《中国信息报》2020 年 5 月 7 日，第 2 版。

---

[1] 马齐旖旎、文静、米红：《大湾区九市农民工人口流动与市民化意愿分析》，《中国劳动》2019 年第 7 期，第 51 ~ 63 页。

（二）基本公共服务需基本均等

就就业收入而言，需在迁入地为主、迁出地为辅的共同努力下使外来村民获得更稳定、更有质量的就业及更为丰厚的劳动报酬。为外来村民提供更稳定、更有质量的就业及更为丰厚的劳动报酬，堪称外来村民基本公共服务供给的重中之重或核心要素。立志走出乡关的外来村民，在成为适龄劳动人口之前，一般应在迁出地政府、基层组织、社会、家庭的共同扶持下，接受将来就业所必需的义务教育、学历教育和职业教育，获取学历证书、职业资格证书，为自己走出乡关谋生立足奠定基础；在基本实现社会主义现代化新阶段，外来村民在迁入地接受再教育和就业技能培训的外部环境更需要大大改善，对第二产业就业岗位的"职业健康保护"① 也需要进一步增强；外来村民失业后，应可在非农化乡村进行失业登记，失业保险稳岗返还申领条件将适度放宽②；伴随着《保障农民工工资支付条例》的实施，根治外来村民欠薪问题需更加有效地在法治轨道上运行；合理有序的收入分配格局需逐步形成，外来村民的收入分配需渐趋公正。

就社会保障而言，在基本实现社会主义现代化新阶段，需在迁入地为主、迁出地为辅的共同努力下使外来村民获得更可靠的社会救助、社会保险和住房保障。一是对符合条件的特别困难的外来村民及其家庭成员，国家和社会需给予特惠性的社会救助。2019 年，国务院修订发布的《社会救助暂行办法》，进一步完善了最低生活保障、特困人员供养、受灾人员救助、医疗救助、教育救助、住房救助、就业救助、临时救助等各类社会救助的实施办法，③ 相信以后还会更加完善。二是所有

---

① 成前：《农业转移人口市民化的健康效应与政策建议》，《中国人口报》2020 年 1 月 17日，第 3 版。
② 《中共中央、国务院关于抓好"三农"领域重点工作　确保如期实现全面小康的意见》，《农村经营管理》2020 年第 2 期，第 6 ~ 11 页。
③ 国务院：《社会救助暂行办法》，《中华人民共和国国务院公报》（增刊）2019 年第 1 期，第 506 ~ 511 页。

外来村民需都能购买和享受具有普惠性的社会保险。在既有成效的基础上，应该进一步确保将与用人单位建立稳定劳动关系者依法纳入城镇职工基本养老保险和基本医疗保险，灵活就业者纳入当地城镇居民基本医疗保险，持续推动有用人单位者全部参加工伤保险，并确保失业保险、生育保险等享受与城镇职工平等的待遇；也应该进一步妥善解决社会保险关系易地接转问题，在迁出地、迁入地之间实现社会保险全国统筹的无条件双向接转、易地支付。三是不同条件的外来村民需得到不同层次的住房保障。就近期而言，国家应继续以廉租住房、公共租赁住房、租赁补贴等方式改善外来村民的住房条件，并特别注意发挥企业、市场在住房保障方面的积极作用。按照当下的政策导向，外来村民落户城镇，可以沿着住有所居到住有产权最后到住有宜居的道路前进。但受客观条件制约，现阶段国家、企业与社会尚难对住有产权、住有宜居提供强力支撑，外来村民必须自己努力奋斗才能尽早过上更幸福的生活。

就社会融入而言，外来村民需在得到基本均等的基本公共服务的基础上，不断增强其常住地治理参与、本土融入能力。基本公共服务，包括公共教育、劳动就业创业、社会保险、医疗卫生、社会服务、住房保障、公共文化体育、优抚安置、残疾人服务等丰富内涵。① 现在，国家已经把"基本公共服务均等化基本实现"，确定为2035年的发展目标。② 在实现基本公共服务基本均等的过程中，非农化乡村外来村民需在外部"赋能"的同时实现自身"增能"③，提升自身的"非认知能力"④，

---

① 《就〈关于建立健全基本公共服务标准体系的指导意见〉答记者问》，《人民日报》2018年12月13日，第6版。
② 《中共中央、国务院关于建立健全城乡融合发展体制机制和政策体系的意见》，《人民日报》2019年5月6日，第1版。
③ 郑杭生：《农民市民化：当代中国社会学的重要研究主题》，《甘肃社会科学》2005年第4期，第4~8页；潘旦：《农民工自组织的增权功能及影响因素研究》，《华东理工大学学报》（社会科学版）2017年第4期，第100~107页。
④ B. W. Roberts et al. , "The Power of Personality: The Comparative Validity of Personality Traits, Socio-economic Status, and Cognitive Ability for Predicting Important Life Outcomes," *Perspectives in Psychological Science*, 2007, 2 (4): 313 – 345；刘传江、龙颖桢、付明辉：《非认知能力对农民工市民化能力的影响研究》，《西北人口》2020年第2期，第1~12页。

不断扩大社会参与找到成功融入当地社会的道路[①]；需要更加主动积极地参与基层社会协同善治共同体的构建，不断提高群体、个体的综合素质，增强群体、个体的专业技能，更好地实现群体、个体的社会融入，最终在常住地共同实现由客人向主人的重大转变。

（三）乡城迁移出入需更加便捷

就乡村退出而言，伴随着城乡融合的不断发展，对权能不断提升的外来村民来说应该越来越方便。一方面，在一定时期内，仍需在集体土地所有权、农户承包权、土地经营权"三权分置"[②] 的前提下保护有承包地的外来村民依法、自愿、有偿流转土地经营权[③]；在宅基地所有权、资格权、使用权"三权分置"的前提下落实宅基地集体所有权、保障宅基地农户资格权和农民房屋财产权，适度放活宅基地和农民房屋使用权[④]。但国家还需适时"引导有稳定非农就业收入、长期在城镇居住生活的农户自愿退出土地承包经营权"[⑤]；在坚持土地集体所有权根本地位、严格保护农户承包权的同时加快放活土地经营权[⑥]；允许进城落户的农村村民依法自愿有偿退出宅基地[⑦]。另一方面，举家随迁到迁入地应越来越享有迁移的优先权，昔日的留守老人、留守配偶、留守儿童都应该逐步转变为随迁老人、随迁配偶、随迁儿童。现在国家提出"促进有能力在城镇稳定就业和生活的农业转移人口举家

[①] S. R. Schmidt, "Comparing Federal Government Immigrant Settlement Policies in Canada and the United States," *American Review of Canadian Studies*, 2007, 37（1）：103 – 122.

[②] 《中共中央、国务院关于深入推进农业供给侧结构性改革加快培育农业农村发展新动能的若干意见》，《人民日报》2017 年 2 月 6 日，第 1 版。

[③] 《中华人民共和国农村土地承包法》，《农村经营管理》2019 年第 2 期，第 23～27 页。

[④] 《中共中央、国务院关于实施乡村振兴战略的意见》，《人民日报》2018 年 2 月 5 日，第 1 版。

[⑤] 《国务院办公厅关于加快转变农业发展方式的意见》，《中国农民合作社》2015 年第 9 期，第 8～12 页。

[⑥] 《中共中央办公厅、国务院办公厅印发〈关于完善农村土地所有权承包权经营权分置办法的意见〉》，《新农村》2016 年第 12 期，第 4～8 页。

[⑦] 《全国人民代表大会常务委员会关于修改〈中华人民共和国土地管理法〉、〈中华人民共和国城市房地产管理法〉的决定》，《人民日报》2019 年 8 月 27 日，第 2 版。

进城落户"①，相信国家和社会会多举措促进"三留守"向"三随迁"转变，包括使之成为外来村民易地市民化的正向激励条件。

就城镇迁入而言，伴随着经济社会发展水平的提升，对权能不断提升的外来村民来说应该越来越宽松。在落户地点的选择上，权能不断提升的外来村民，应该既可以迁入老家附近的城镇社区，也可以迁入常住地非农化乡村"村改居"之后的"村改居"社区，还可以迁入其他城镇社区。从目前情况来看，迁入老家附近的城镇社区相对比较容易，迁入常住地非农化乡村"村改居"之后的"村改居"社区难度居中，迁入大城市城镇社区的难度较大，迁入超大、特大城市难度最大。但总的来看，步入新时代以来，宏观制度对城镇迁入的安排所发生的主要是由从严到从宽的鲜明变化。例如，宏观政策的现行规定是："加快调整完善超大城市和特大城市落户政策，根据城市综合承载能力和功能定位，区分主城区、郊区、新区等区域，分类制定落户政策。"② 根据这一要求，远离超大、特大城市主城区但划归其管辖的小城镇，就不应该适用超大、特大城市迁入城区的严苛条件，而是按其实际情况适用中小城市甚至小城镇的迁入条件。这对坐落于镇区的非农化乡村的外来村民来说，无疑是个福音，尽管政策落到实处尚需假以时日。

就支撑平台而言，国家、市场、社会各界支撑外来村民易地市民化的平台应该更为坚实。步入新时代以来，由政府、企业、个人共同参与的市民化成本分担机制的良好环境开始形成。2020 年，国家进一步明确"优化政府间事权和财权划分，建立权责清晰、财力协调、区域均衡的中央和地方财政关系，形成稳定的各级政府事权、支出责任和财力相适应的制度"③。这就构建起了一个在各级政府财政承担主要责任的

---

① 《中共中央关于制定国民经济和社会发展第十三个五年规划的建议》，《人民日报》2015年11月4日，第1版。
② 《国务院关于深入推进新型城镇化建设的若干意见》，《中华人民共和国国务院公报》2016年第6期，第36~42页。
③ 《中共中央、国务院关于新时代加快完善社会主义市场经济体制的意见》，《人民日报》2020年5月19日，第1版。

同时压实企业、个人责任并动员社会资本发挥作用的强大支撑平台。可见，在基本实现社会主义现代化新阶段，在以人为核心的新型城镇化道路上，国家、市场与社会各界应该大力支持发达地区非农化乡村外来村民易地市民化，地方与基层的相关部门、用工单位、社会组织以及非农化乡村等应该各司其职，地方政府财政投入、用工单位依法出资、吸纳社会资本一定能够多措并举共同夯实支撑平台。在外来村民与本地村民基本公共服务基本均等的基础上，对外来村民的区隔排斥应该向融合吸纳转化，发达地区非农化乡村外来村民易地市民化的愿景，应该在砥砺奋进中基本达成。

二　基本完成本地村民原地市民化

（一）原地身份变更将持续推进

所谓"原地市民化"①，简言之就是指村民不改变户籍所在地的市民化。对发达地区非农化乡村而言，就是本地村民在本村"村改居"之后的"村改居"社区，将乡村村民户籍原地改变为城镇居民户籍，并使其权能不断提升的市民化。本地村民原地市民化是本地村民"逆市民化"的终结。审时度势顺势推进原地市民化，是基本实现社会主义现代化新阶段发达地区非农化乡村本地村民市民化的发展方向，同样也属于发达地区非农化乡村"村改居"之后的"村改居"社区常住人口沿着共同市民化发展方向奋勇前进的奠基性工程。

从先行工业化国家的历史经验来看，原地市民化一度是城市化的重要进路。如英国是世界上最早实现城市化的国家，其"圈地运动"中

---

① 学术界早就提出过"就地城镇化""就近城镇化"概念，本课题组成员也经常使用，这里并非要以"原地城镇化"取代"就地城镇化""就近城镇化"概念。本书之所以使用"原地市民化"概念，主要是对非农化乡村来说，可以较好地区别于本地村民的"就近市民化"，也可以较好地区别于外来村民的"易地市民化"。但必须界定清楚，这里的"原地"取原来的地点、本原之地的含义，仅指村民本原性的户籍所在地。

"失去了收入来源的小农实际上被迫转入乡村工业"①，部分乡村得以转型为手工业村镇，农民便通过非农化开启了原地市民化的进程。到 18 世纪末时，尽管曼彻斯特仍被议会视为"大村庄"，但事实上已经是当时英国最大的工业城市和第二大城市。在中国近代，原地市民化也曾有过发展较快的时段，如 1875～1911 年"光绪、宣统年间上海县每年平均增加 0.68 个市、镇"②。中华人民共和国成规模的原地市民化是从改革开放初期大力倡导农村富余劳动力"离土不离乡，进厂不进城"③ 开始的。费孝通说，是乡村工业化"催生了城乡一体化的萌芽"④。从此，村镇企业异军突起，发达地区非农化乡村逐渐形成，其中不少本地村民因承包地被征用而"农转非"，也有不少本地村民在"村改居"后转为城镇居民，诸多小城镇逐渐生成。可见，无论从国际经验还是从国内实践来看，在工业化、非农化道路上先行一步的发达地区非农化乡村，都必然走上本地村民原地市民化道路。让发达地区非农化乡村本地村民实现原地市民化，让为工业化、城镇化做出过巨大贡献的非农化乡村本地村民共享发展成果，是中国新时代坚持以人民为中心的必由之路，在基本实现社会主义现代化新阶段无疑具有历史的必然性。

如果本地村民原地市民化缓行，会产生某种潜在风险。从经济发展上看，市场敏感度较低、自身技术含量较低、规范性较差的非农化乡村集体经济组织，不与乡村脱钩，不向现代企业转型，会存在因市场竞争能力较低而使经济增量减少甚至盛极而衰的风险。至于部分非农化乡村以集体"种房子"的出租收入为支柱的集体经济，更容易遭受经济波动或下行导致的资源空置的熔断性打击。从社会稳定上看风险更大。实证调研发现，在某些非农化乡村，在有股村民与无股村民之间、本地村民与本地"农转非"居民或回迁居民之间、本地村（居）民与外来村

---

① P. Kriedte，H. Medick，J. Schlumbohm，*Industrialization Before Industrialization*：*Rural Industry in the Genesis of Capitalism*，Cambridge：Cambridge University Press，1977：21.

② 葛剑雄、曹树基、吴松弟：《简明中国移民史》，福建人民出版社，1993，第 487 页。

③ 宋林飞：《"三农"问题出路在小城镇建设》，《光明日报》2013 年 12 月 8 日，第 6 版。

④ 费孝通：《费孝通文集》（第 9 卷），群言出版社，1999，第 229 页。

（居）民之间，身份区隔、利益纠葛等带来的潜在风险正在酝酿发酵。可见，在新时代已经取得的既有成效的基础上持续推进发达地区非农化乡村原地市民化，是防患于未然兴利除弊的举动，在基本实现社会主义现代化新阶段无疑具有现实的紧迫性。

发达地区非农化乡村本地村民属于在本乡镇从事非农产业的本地农民工，本地农民工是中国农民工的重要组成部分。2019 年，全国本地农民工多达 11652 万人，占当年农民工总量的 40.07%。[①] 可见，非农化乡村本地村民原地市民化仍有巨大存量。在本课题组的实证调研中，不少村镇干部认为，本地村民原地市民化已接近瓜熟蒂落、水到渠成的时刻；尽管暂时有部分村民不理解甚至持抵制"村改居"或原地市民化，但只要制度安排能依法妥善解决利益问题，他们一般能够接受原地市民化；原地市民化能够消弭村里内耗频仍的利益纷争，免除经济波动等因素带来的后顾之忧，总的来看对基层社会稳定是好事。可见，持续推进发达地区非农化乡村原地市民化，在基本实现社会主义现代化新阶段也具有未来的可行性。

（二）互构调整动迁需步履稳健

就关系互构而言，应顺应本地村民原地市民化的需要，实现发达地区非农化乡村集体经济组织独立运行，向现代化企业转型并最终与乡村逐步脱钩。本地村民原地市民化是在"村改居"的基础上实现的。非农化乡村规范的"村改居"，最重要的是要将乡村治理中与经济利益密切相关的"制度安排—经济组织—本地村民"的关系互构，转化为城镇社区治理中不涉及经济利益关系的"制度安排—本地居民"的关系互构。[②]

---

① 国家统计局：《中华人民共和国 2019 年国民经济和社会发展统计公报》，《人民日报》2020 年 2 月 29 日，第 5 版。
② 这里所说的"关系互构"，仅对集体经济组织而言。虽然转型前后村（居）党组织与自治组织名称会发生相应变革，但就村（居）民和党组织与自治组织的依存关系而言，绝不应该也绝不可能发生由"制度安排—党组织与自治组织—本地村（居）民"到"制度安排—本地村（居）民"的关系互构。

根据既有实践的成功经验，一般可以在"发挥村党组织对集体经济组织的领导核心作用"① 的前提下，改变村集体经济组织与村民自治组织"经社不分"的局面，实现村集体经济组织向现代企业的转型。这种转型，一般需要客观评估原集体经济组织资产总额，确保原非农化乡村全体股民拥有一半以上的原始股份并在就业上得到优先安排，同时允许新组建的现代化企业以其余股份加入新的资本、技术等要素后与非农化乡村脱钩，② 面向市场严格按照企业法或公司法独立运行；转型之后该企业再度重组时股权分配一般无须再受原占比约束，但要根据价格变化情况重新确定原非农化乡村全体股民占股比例并将股权落实到股权受益人，包括原非农化乡村股民让渡、转卖股权的新受益人。

就利益调整而言，应顺应本地村民原地市民化的需要，理顺发达地区非农化乡村内部利益关系，逐步形成公平合理的既拉开档次尊重劳动价值又保障全体村民合法权益的利益格局。根据既有制度安排和实践经验，在集体经济组织转制时，应深化集体产权制度改革，"完善产权权能，将经营性资产折股量化到集体经济组织成员"③；在股权配置中，在土地村民集体所有权不等于个人承包权、使用权的理论前提下，应努力遏制村民集体土地所有权"主体虚置"④、由已确权股民垄断本应属于全体村民的全部土地收益的现象，力争使村委会有一定的"本钱"解决公平层面的再分配问题；应按照初次分配和再分配都要处理好效率和公平的关系、再分配要更加注重公平的原则，改进已确权土地之外新

---

① 《中共中央、国务院关于实施乡村振兴战略的意见》，《人民日报》2018 年 2 月 5 日，第4 版。

② 从实地调研情况来看，不少发达地区非农化乡村已经完成了村集体经济组织的现代化转型。但是，传统城镇化时期的不少"村改居"都不符合使村委会与居委会合法对接的要求，现在即便在发达地区也仍有部分"村改居"社区依然保留着村集体经济组织或未实现转型与乡村退出。作为注重必然性与应然性的"发展方向"研究，这里所讨论的是规范的"村改居"之前村集体经济组织向何处去的应然状态。

③ 《中共中央、国务院关于新时代加快完善社会主义市场经济体制的意见》，《人民日报》2020 年 5 月 19 日，第 1 版。

④ 刘禹宏、曹妍：《中国农地产权制度的本质、现实与优化》，《管理学刊》2020 年第 1 期，第 9 ~ 17 页；韩文龙、谢璐：《宅基地"三权分置"的权能困境与实现》，《农业经济问题》2018 年第 5 期，第 60 ~ 69 页。

增利益的股权确认及分配制度，以计算本村村民或"农转非"居民农龄等方式拟定拉开分配档次的股权配置方案，合理解决因股权"生不增，死不减"等导致的利益纠纷，使股权及社保购买、福利待遇等非均等地覆盖到登记在册的本村户籍村民和原村民（如未离开乡村及回迁的"农转非"居民）。

就拆迁安置而言，作为"村改居"之前利益调整的最后机会，既要继续合法地兼顾集体利益与个人利益，也要为"村改居"后公共设施建设和社区治理纳入财政预算提供理论依据和现实基础。在征地拆迁安置过程中，在得到村民集体同意的前提下，村委会应该把征地收益中的部分资金及拆迁安置住房按不同档次和类别安置到户或到人，并尽量将利益覆盖到登记在册的本村户籍村民和原村民；同时也可以从征地收益中留存部分资金作为将来居委会管理的公益事业发展基金，并可以要求相关部门从城镇建设用地增加的指标中划拨适量指标给"村改居"之后的居委会备以社区绿化及安置就业之用。征地拆迁安置过程中，各方面应尽量理解本地村民的合法利益诉求。在严格执行既有法律法规的前提下，相关部门应适当考虑非农化乡村农用地、建设用地、未利用地转换功能后潜在增值的可能性，适当提高征地补偿价格，依法保障本地村民土地收益的合理增值及其长远利益，并在达成共识落实资金后再启动征地拆迁安置程序。[1]

（三）乡村转为社区需规范运行

就转型条件而言，总结传统城镇化以及当下制度实施过程中出现的实际问题，在基本实现社会主义现代化新阶段国家应该对"村改居"提出全国统一的法律位阶较高的"村改居"标准。综合本课题组实证调研的各种意见和建议，与新型城镇化相匹配的发达地区非农化乡村

---

[1] 本地村民 F03WT（男，茶馆老板）在访谈调研中说：以什么价格进行征地补偿，是关键问题。现在给的钱没有过去值钱。我们就以物价来衡量。十年前赔两三百万元就 OK 了，因为那时可以买好几套房子。现在赔 1000 万元也就能买一套房子，可能还不是很大的，好一点的地方可能买不起。

"村改居"的必备条件大致可设定为：在遵循相关法律规定的前提下，当地经济社会发展有客观要求，本村村民2/3以上有市民化意愿；非农产业产值及非农就业占比均已达2/3以上；公共设施硬件水平与村民权益获得状况与城镇社区大致相当；经批准可改变土地性质用途；已实现集体经济组织向现代企业转型；已通过合理配置股权等基本理顺村民之间分红、社保、福利等利益关系。对待转型条件，要防止走向过于激进或过于保守两个极端。一方面，不顾客观条件是否成熟，为完成市民化指标而搞运动式的、大规模的并村设"居"，要警惕重蹈传统城镇化时期"被动市民化""高价市民化"的覆辙。另一方面，不要理想化或想当然地设计面面俱到、十全十美的评价体系或设置多个台阶苛求非农化乡村。应该为绝大多数条件都比较成熟的非农化乡村发放"村改居"的"准生证"；应该杜绝各种理由的行政干预，确保符合法律法规和政策规定、符合根本标准的非农化乡村能够进行"村改居"并进而实现本地村民原地市民化。

就运行范式而言，在基本实现社会主义现代化新阶段国家应该对"村改居"提出全国统一的运行原则和基本程序。从既有教训出发，在原则问题上，应把尊重常住人口自主选择摆在首要位置，防止"被动市民化"；要求统筹规划城乡建设用地，严守生态红线，防止"规模市民化"；一切从实际出发，遵循规律，避免当为而不为，防止"消极市民化"；坚持以人为核心促进新型工业化、城镇化高质量发展，防止"形式市民化"；继续注意优先解决存量，带动增量，防止"无序市民化"；激励非农化乡村与贫困村结对帮扶，激励有益于乡村振兴的逆城镇化，防止"单向市民化"。从既有经验出发，"村改居"及本地村民转居民，一般可由县（市、区）人民政府领导，相关职能部门业务指导，镇（乡）人民政府、政府街道办事处组织实施。其启动程序大致有：由组织者摸底排查初选对象，请村民会议或村民代表会议集体表决，由村向组织者提出申请；经指导者审核，组织者认可并提出申请后，报领导者批准或决定；在批准或决定形成后，再由组织者公布辖域内拟"村改居"的乡村名单及其时间表和路线图。其中间程序大致有：

在指导者及组织者的指导、支持、帮助下，各乡村完成村级集体经济组织的股份制改造，妥善解决股权配置、分红、社保福利等利益问题，使之与乡村脱钩向现代企业转型；稳妥处理土地集体所有向国家所有的变革以及土地用途转换、征地补偿、拆迁安置等利益关系问题；加强对村民的综合素质提升、就业技能培训，完善乡村服务治理体制机制。其终结程序大致有：经领导者审查批准，在指导者及组织者的指导、支持、帮助下，依法撤销居委会，选举产生居委会，进行"村改居"挂牌，将本村所有本地村民及符合条件的外来村民的村民户口分步转为城镇社区居民户口，并将"村改居"等相关信息上报上级相关部门，在一定范围内公开发布。

就赋权增能而言，在"村改居"正式挂牌、本地村民正式转为城镇居民之前的相当长一段时期，拟"村改居"的非农化乡村都应该下大力气狠抓本地村民在综合素质提升、就业技能培训、治理能力强化等方面的城镇社区适应性，尽可能未雨绸缪地减轻本地村民在基本素质、就业能力等方面的后顾之忧。如果说外来村民需要本土化、市民化双重融入，那么本地村民在市民化融入城镇的同时还要习惯于对外来村民的本土化吸纳。尽管本课题组实证调研中所抵达的多个发达地区非农化乡村的青年都在发奋图强，积极向上，课题组未发现一例赌博吸毒的案例，也不赞成"拆二代"之类的污名化称谓，但极端性的个别案例也还是能给人以警示，相信非农化乡村本地村民能够珍惜来之不易的幸福生活，感恩新时代，努力报效新时代，在基本实现社会主义现代化新阶段，在即将开启的市民生活中超越勤劳的前辈，为社会做出更大的贡献。

三　全力达成常住人口共同市民化

（一）　新型城镇社区将应运而生

发达地区非农化乡村常住人口共同市民化，是指发达地区非农化乡村及其"村改居"前后的所有转型村民、转型居民，共同实现户籍身份、公民权能等各方面与市民大致相当。共同市民化与易地市民化、原地市民化既有区别又有联系。其区别在于，易地市民化、原地市民化所关注的分别是外来村民、本地村民的市民化发展方向，强调形式上的户籍变革应该以市民化对象的权能提升、市民化情境的体制机制创新为前置条件；共同市民化所关注的是包括转型村民、转型居民在内的所有成为市民化对象的常住人口的市民化发展方向，强调形式上的户籍变革前后都应注重市民化对象的权能提升、市民化情境的体制机制创新。其联系在于，易地市民化、原地市民化对部分外来村民"未市民化"、部分本地村民"逆市民化"以及全体转型村民"半市民化"现象的终结，都是共同市民化的奠基性工程或重要组成部分；而共同市民化，自始至终都是发达地区非农化乡村常住人口市民化的最高目标和最终归宿，是发达地区非农化乡村常住人口市民化恒久不变的发展方向。①

从西方工业化先行国家的城市化进程来看，非农化乡村必然向城市发展，城市化必然带来非农化乡村常住人口的共同市民化。1766年，斯密就说过："按照事物的自然趋势，每个处于发展中社会的大部分投资的投入顺序，首先是农业，其次是工业，最后是国外贸易。我相信，在所有拥有领土的社会，投资总是在某种程度上遵循这种极自然的顺序。"② 这种自然顺序后来得到大多数学者的认可，并成为城市起源于农村的理论依据。到1902年，霍华德在其著作的自序中指出，城市与农村相比，"其优点是工资高、就业机会多、前途诱人"③。费孝通说，

---

① 鉴于当下仍有不少非农化乡村"村改居"社区尚未完成本应在"村改居"前完成的基本公共服务均等化或集体经济组织转型，本研究采用了前后贯通的共同市民化概念。但当前学术界"后市民化""后城市化""再市民化"等研究成果，也具有重要参考价值。参见钟水映、李魁《农民工"半市民化"与"后市民化"衔接机制研究》，《中国农业大学学报》（社会科学版）2007年第3期，第64~70页；陈野等《乡关何处：骆家庄村落历史与城市化转型研究》，浙江人民出版社，2016，第1~18页；杨菊华《流动人口（再）市民化：理论、现实与反思》，《吉林大学社会科学学报》2019年第2期，第100~110页。
② 〔英〕亚当·斯密：《国民财富的性质和原因的研究（节选本）》（上卷），郭大力、王亚南译，商务印书馆，2002，第16页。
③ 〔英〕埃比尼泽·霍华德：《明日的田园城市》，金经元译，商务印书馆，2000，第8页。

"中国现代化的起步和发展是一个从'乡土中国'向现代化都市逐步发展的过程"[①];陆学艺说,"一个工业化、现代化国家,总不能农民占75%的绝对多数""如何减少农民是我们今后要解决的重大任务之一"[②]。这就必须对症下药采取措施,使城镇化顺应"世界城镇化发展普遍规律","进入以提升质量为主的转型发展新阶段"[③],加快农业转移人口市民化。可见,全力达成非农化乡村常住人口共同市民化,在基本实现社会主义现代化新阶段无疑具有历史的必然性。

在新时代,非农化乡村常住人口共同市民化,是激活内需潜力和发展动能、实现共享发展的需要,也是引领新型城镇化和农业农村现代化有机联结的关键。如果不加快非农化乡村常住人口共同市民化,很可能失去难得的契机。第一,本书"导言"中已经论及当下高收入国家和中等偏上收入国家的平均城市化水平,中国2020年已达到的常住人口城镇化率、户籍人口城镇化率以及中国2035年需要争取达到的目标值。将2020年中国实现数值与国际社会平均水平比较,就常住人口城镇化率而言,到2020年末也比中等偏上收入国家平均水平差1.11个百分点,比高收入国家差20.11个百分点;就户籍人口城镇化率而言,更是比中等偏上收入国家平均水平差19.60个百分点,比高收入国家差38.60个百分点。"导言"中也已经指出,与2035年常住人口城镇化率75%、户籍人口城镇化率60%的目标值相比,未来中国常住人口城镇化率和户籍人口城镇化率平均每年都要提高0.74个百分点,任务相当繁重,时间非常紧迫。第二,由于全面二孩政策2016年才开始正式实施,2019年出生人口数量仍处于1949年以来除1961年之外的最低水平,2021~2035年,非农化乡村常住人口中适龄劳动人口持续减少的趋势不会改变。从表8-1来看,无论是外出农民工还是本地农民工的

---

① 费孝通:《费孝通文集》(第16卷),群言出版社,2004,第37页。

② 陆学艺:《中国"三农"问题的由来和发展》,《当代中国史研究》2004年第3期,第4~15页。

③ 中共中央、国务院:《国家新型城镇化规划(2014—2020年)》,《农村工作通讯》2014年第6期,第32~48页。

增速总体上都呈持续下降的趋势，这就更需要我们抓紧在窗口期内加快农业转移人口和其他常住人口的市民化进程；外出农民工在农民工总量中的占比总体上呈持续下降的趋势，而外出农民工涉及就业类型和居住地的变化，属于劳动力资源的重新配置，一旦外出农民工大量回流，中国既有劳动力存量有利于城镇劳动生产率提高的显著优势就会转变为劣势，必将给中国城镇的经济增长带来严重的后果。第三，2020 年全球受到新冠肺炎疫情冲击之后，某些国家的霸凌主义或贸易保护主义将大大加强，对中国的外向型经济构成极大制约。而中国的经济要保持长期向好的趋势不变，就必须继续促进作为现代化引擎的工业化、城镇化的高质量发展，形成新型工业化、城镇化、信息化、农业农村现代化良性互动，激活内需潜力和发展动能，以实现共享发展和高质量发展"适应和引发有效需求"①。这就表明，加快包括非农化乡村外来村民、本地村民在内的农业转移人口的共同市民化进程，已经是刻不容缓、迫在眉睫的战略任务，在基本实现社会主义现代化新阶段具有现实的紧迫性。

美国经济学家斯蒂格利茨预言，21 世纪最具影响的两件事，是"新技术革命"和"中国的城市化"②。事实上，现在中国继续推进非农化乡村常住人口市民化仍有良好基础。2019 年，全国农民工总量多达29077 万人，占城镇常住人口总量的 34.27%。③ 近年来农民工整体年龄结构不断老化，但到 2019 年，40 岁及以下的农民工尽管占比比 2018 年下降了 1.5 个百分点，但仍占全国农民工总量的 50.6%。④ 这就表明现在农业转移人口市民化仍有稍纵即逝的难得机遇与潜在的转移空间。近年来，无论在新型城镇化还是乡村振兴的道路上，党和国家对农业转移

---

① 《中共中央、国务院关于新时代加快完善社会主义市场经济体制的意见》，《人民日报》2020 年 5 月 19 日，第 1 版。

② 《中国城市发展报告》编辑委员会编《中国城市发展报告》，中国城市出版社，2007，第18 页。

③ 国家统计局：《中华人民共和国 2019 年国民经济和社会发展统计公报》，《人民日报》2020 年 2 月 29 日，第 5 版。

④ 国家统计局：《2019 年农民工监测调查报告》，《中国信息报》2020 年 5 月 7 日，第 2 版。

人口和其他常住人口的市民化问题一直高度重视。近年来，中国农业人口落户城镇步伐不断加快，城镇化率稳步提升。截至 2019 年底，中国常住人口城镇化率为 60.60%，提前 1 年完成了到 2020 年城镇化率达到 60% 的目标。[①] 2018 年以来，课题组实证调研的基本结论是，发达地区非农化乡村大都已具备常住人口居住场域、生活方式基本城镇化，基本公共服务和角色认同基本市民化等特质，其常住人口共同市民化已接近水到渠成的时刻。由此可见，在基本实现社会主义现代化新阶段，发达地区非农化乡村有望在变革创新中实现"村落终结过程中的裂变与新生"[②]，最终走向既融入城市文明又独具现代乡村韵味的不同于传统城镇社区的新型城镇社区。可见，推进非农化乡村常住人口共同市民化，在基本实现社会主义现代化新阶段还具有未来的可行性。

（二）融合改制升级需共同发力

就城乡融合而言，在基本实现社会主义现代化新阶段，发达地区非农化乡村在实现"村改居"向城镇社区转型及"村改居"后的进一步发展中，必须牢记"无农不稳"的重要价值，更好地充当"以工补农"[③] 的桥梁与纽带。芒福德说："城与乡，不能截然分开；城与乡，同等重要；城与乡，应当有机结合在一起。"[④] 蔡昉说："实施乡村振兴战略与推进新型城镇化既不是对立的关系，也并非在侧重点上有所不同，而是你中有我、我中有你、相互补充、相互促进的关系。"[⑤] 非农化乡村是怎么发展起来的？本地研究人员 Z03ZS（女，调研陪同人员）

---

① 国家统计局：《中华人民共和国 2019 年国民经济和社会发展统计公报》，《人民日报》2020 年 2 月 29 日，第 5 版；中共中央、国务院：《国家新型城镇化规划（2014—2020年）》，《农村工作通讯》2014 年第 6 期，第 32～48 页。

② 李培林：《巨变：村落的终结——都市里的村庄研究》，《中国社会科学》2002 年第 1 期，第 168～179 页。

③ 鲍霁主编《费孝通学术精华录》，北京师范学院出版社，1988，第 135 页。

④ 〔美〕刘易斯·芒福德：《城市发展史——起源、演变和前景》，倪文彦、宋俊岭译，中国建筑工业出版社，1989，第 77 页。

⑤ 蔡昉：《如何让新型城镇化走得更远》，《学习时报》2018 年 4 月 27 日，第 A1 版。

在调研时介绍说：市政府投入分三个阶段：2005 年村庄整治申报，投入 100%；2010 年风情小镇建设投入 8000 万元；2015 年特色小镇建设投入 2200 万元。全市向山水之城、旅游之城扩张型发展，城市对非农化乡村的反哺与乡村的发展成正比。由此可见，非农化乡村"村改居"之后应该不忘初心，铭记自己有现在的成就与城镇的抚育和乡村的支撑休戚相关，既像昨天的城镇一样驰援今日的乡村，也像昨天的非农化乡村一样不忘今日的其他乡村。

就乡镇改制而言，在基本实现社会主义现代化新阶段，为适应深度推进新型城镇化的需要，伴随着大批非农化乡村"村改居"等区划调整，辖域内人口较多、经济发展水平较高、非农化乡村较多的非农化乡镇，应该发生更为接近城市建制的转型。从基层区划变革的实际演进路线来看，在同一行政级别层面，乡改镇、镇改街道应该是城镇化进程中的一般性改制路线。乡改为同级别的镇，从非农化的角度看，现行标准仍然是"总人口两万以下的乡，乡政府驻地非农业人口超过二千的，可以建镇；总人口在二万以上的乡，乡政府驻地非农业人口占全乡人口 10% 以上的，也可以建镇"[①]。关于乡级的镇改为同为乡级的街道[②]，全国暂时没有统一的规定[③]，从"村改居"的角度看则是有利有弊。好处是其城镇化治理水平能够得到进一步提升，[④] 但乡级镇与县级城区的人民政府一样属于中国基层政权建制，而乡级的街道办事处则只是城区人民政府的派出机构，前者实际拥有的自主权会相对较大。当然，乡级的镇也并非只能向乡级街道改制，条件成熟的镇，从理论上说，也可以升

---

① 刘海燕、卢道典、宋国庆：《上海大都市郊区乡镇发展分化与行政区划调整研究》，《小城镇建设》2017 年第 6 期，第 29～34 页。

② 隶属于不设区的地级市、县或县级市的镇，隶属于直辖市地级城区、地级市县级城区的街道，其行政级别通常都有县级和乡级之分。

③ 1954 年的《城市街道办事处组织条例》因不再适应形势发展的需要，已在 2009 年被全国人民代表大会常务委员会废止；2020 年起实施的《北京市街道办事处条例》是 1954 年《城市街道办事处组织条例》废止后出台的首部街道办事处条例，但其中也未涉及镇改街道的条件、原则、程序等规定。

④ 王前钱、宋明爽：《镇改街道进程中改善基层社会治理研究》，《行政管理改革》2017 年第 9 期，第 47～52 页。

级改制为地级市①辖下的县级城区或县级市。国家现在已经做出了相关的制度安排。2019 年试点成功后顺利挂牌、由浙江省直辖、浙江省温州市代管的县级市龙港市，2014 年试点改革开始前就是浙江省温州市苍南县管辖的乡级镇龙港镇。现在该市是全国首个镇改市以及全国首个不设乡镇、街道的县级市。中国不设区的地级市②下辖镇一般为县级行政级别，隶属于不设区的地级市的县级镇应该如何改制，现在全国尚没有明确的规定。参照乡级镇一般和特殊的改制路线进行逻辑推理，现有隶属于省域内不设区的地级市的县级镇，一般来说，如果符合条件，可改制为县级市；如果条件特别好，也可升级改制为不设区的地级市。

　　就全员升级而言，在基本实现社会主义现代化新阶段，转型村民、转型居民应该在非农化乡村的嬗变与新生中实现基本权益、综合素质、就业能力的大幅提升，从而使自身更好地融入城镇。杨志明说，到 2020 年，农民工发展将"到达由量的增加到质的提升的拐点"；到 2035 年，农民工将"实现市民化，形成支撑制造强国和现代服务的技能人才队伍"，"新工匠、新城归率先进入中等收入阶层"③。这就表明，转型村民中无论是外来村民还是本地村民，在素质能力升级方面仍然任重道远，不仅自身应该持续努力，社会各界也应该倾力支持。就转型居民来说，从西方城市化先行国家看，相关制度安排一般会伴随市民化的推进日趋完善。④ 步入新时代以来，发达地区非农化乡村"农转非""村改居"后的转型居民的社保福利、健康水平等都得到了不同程度的改善，劳动收入得到了实实在在的增加，家庭生活状况得到了前所未有的改善。因此，转型居民的基本权益在基本实现社会主义现代化新阶段应

---

① 地级市，是由省、自治区管辖的市，行政地位与地区、自治州、盟相同。
② 广东东莞和中山、海南三沙和儋州，以及甘肃嘉峪关，是全国现有的 5 个不设区的地级市。为区别于不设区的县级市，人们通常将其称为"直筒子市"。
③ 杨志明口述，王慧峰整理《向这个两亿八千万人的劳动群体致敬——第十二届全国政协委员杨志明讲述农民工的故事》，《人民政协报》2019 年 11 月 12 日，第 4 版。
④ 葛鹏：《农业转移人口市民化的国际经验与启示》，《江苏农村经济》2014 年第 3 期，第 69～71 页。

该出现大幅度提升，转型居民应该基本进入中国中等收入群体。习近平强调，"现代化的本质是人的现代化，真正使农民变为市民并不断提高素质，需要长期努力"①。因此，在基本实现社会主义现代化新阶段，不仅转型居民自身应该比过去更加重视综合素质的提升，基层村（居）及相关教育机构等也应该比过去更为关注转型居民综合素质的提升。就业能力是个人职业生涯中应具备的工作能力，也包括个人对所从事职业的期望度和社会的情景因素。② 在基本实现社会主义现代化新阶段，不仅转型居民自身应该比过去更加重视就业能力的提升，用工单位、基层村（居）及职业教育机构等，也应该比过去更为关注转型居民就业能力的提升。总的来看，整个社会的城乡融合、乡镇层级的酌情改制、常住人口的全员升级特别是就业能力的提升，外加下文将要论及的常住人口的共建共治共享，对非农化乡村及其"村改居"社区全部常住人口终结"半市民化"，实现共同市民化，具有重大的意义。

（三）共建共治共享需强化效能

就制度共建而言，在村（居）基层党组织的坚强领导下，在上级党委、政府和市场、社会各种力量的大力支持下，包括全体转型村民和转型居民在内的发达地区非农化乡村及其"村改居"之后"村改居"社区的全部常住人口，应该使基层自治的制度安排与国家、地方的宏观制度安排精准对接，为坚持和发展共同市民化制度体系贡献自己的力量。在基本实现社会主义现代化新阶段，一方面，在村（居）基层党组织的坚强领导下，转型居民和转型村民具有走向共同市民化的制度认同和制度定力，应该进一步用好用活"制度红利"的存量。应该通过深入学习不断强化对国家的制度认同，进一步坚定新时代农业转移人口市民化的制度自信，把既有的国家制度优势进一步发扬光大，使自身越

---

① 习近平：《在中央城镇化工作会议上的讲话》，载中共中央文献研究室编《十八大以来重要文献选编》（上），中央文献出版社，2014，第 594~595 页。

② A. Forrier, L. Sels, "The Concept Employability: Acomplex Mosaic," *International Journal of Human Re-sources Development and Management*, 2003, 3（2）: 102 – 124.

来越接近共同市民化的终极目标。另一方面，在村（居）基层党组织的坚强领导下，全体常住人口应该在集思广益的创新中不断完善村（居）基层组织共同市民化的制度安排，并为国家宏观制度安排的进一步完善探索道路、建言献策，拓展"制度红利"的增量，"加强和改善制度供给"①。村（居）基层自治的制度安排也应该在尊重群众、发动群众、引导群众、依靠群众、教育群众的基础上，在弘扬中华民族优秀文化传统和顺应现代化新征程发展需要的同时，破除封建宗法制度残余，遏制极端个人主义滋长蔓延，进一步实现非正式制度与国家宏观制度安排的一致与协同。

就基层共治而言，发达地区非农化乡村常住人口特别是"村改居"之后"村改居"社区的常住人口，应该在村（居）基层党组织的坚强领导下，在上级党委、政府及市场、社会各种力量的大力支持下，根据既有的和不断发展完善的制度安排，同心同德提升治理效能，实现基层社会治理领域的共同市民化。基本实现社会主义现代化新阶段的基层共治，一方面，应该参照城镇社区治理体系，进一步加强村（居）基层治理体系建设，建立健全基层党组织统一领导、自治组织负责、常住人口代表集体协商、引入相关社会组织支持、常住人口共同参与、以法治为保障、以科技为支撑的治理体系，形成人人有责、人人尽责、人人享有的服务治理共同体，实现非农化乡村村委会与"村改居"后居委会的有机衔接，确保全部常住人口安居乐业、辖域内安定有序。另一方面，应该在地方、基层干部的引领下，进一步提升村（居）常住人口的理性水平，提升村（居）集体和个体行动者的治理能力。从村（居）集体来说，基层党组织必须更好地发挥总揽全局，协调各方的领导核心作用，基层自治组织必须更好地发挥组织村（居）民自我管理、自我教育、自我服务的作用，自觉在自治、法治、德治的轨道内运行，引领广大村（居）民不断增强自治、法治、德治意识。从村（居）个体行

---

① 《中共中央、国务院关于新时代加快完善社会主义市场经济体制的意见》，《人民日报》2020 年 5 月 19 日，第 1 版。

动者来说，必须深种家国情怀，强化"村社理性"①"社区意识"②，提升主人翁意识、治理主体意识，营造治理创新的良好氛围，正确处理国家、集体与个人的关系，正确处理乡村习俗与新时代基层社会治理的关系，确保常住人口共同市民化健康运行。当然，国家、地方层面也需要继续强化治道变革促进共同市民化，如切实加强党的领导，发挥好党组织总揽全局、协调各方的作用；更加重视社会建设的地位和作用，把市民化成效纳入政绩考核体系，强化政府购买服务，促进城乡区域协调发展；大力吸纳社会力量参与，注意发挥专家学者作用；推动治理中心下沉到基层，加强对非农化乡村及其"村改居"社区的领导与指导，加强对基层治理技术创新的支持；强化扁平化治理并实现责、权、利的统一，减轻基层负担；改进基层治理方式，"提高柔性化治理、精细化服务水平"③；加强对损害人民群众合法利益行为的监管与查处，完善基层社会矛盾化解和纠纷解决机制；等等。

就全员共享而言，发达地区非农化乡村常住人口及其"村改居"之后"村改居"社区的常住人口，必须在上级党委、政府及市场、社会各种力量的大力支持下，在村（居）基层党组织的坚强领导下，根据既有的和不断发展完善的制度安排，在同心同德提升治理效能的基础上，在"共享发展理念"④的引领下形成更加"体现效率、促进公平"⑤的共同市民化利益格局。共享发展包括全社会的城乡共享、区域共享、群体共享以及国家、地方等不同层级之间的共享，因上文均已在不同程度上论及，这里重点讨论非农化乡村及其"村改居"社区常住

---

① 朱静辉、林磊：《村社理性中的国家与农户互动逻辑：基于苏南与温州"村改居"过程比较的考察》，《南京农业大学学报》（社会科学版）2020 年第 2 期，第 93～102 页。

② 杨佳楠：《"村改居"社区转型发展中村民社区意识的弱化及其重塑》，《经济研究导刊》2019 年第 30 期，第 23～25 页。

③ 李克强：《政府工作报告——二〇一九年三月五日在第十三届全国人民代表大会第二次会议上》，《人民日报》2019 年 3 月 17 日，第 1 版。

④ 孟宪生：《用共享发展理念引领农业转移人口市民化进程》，《光明日报》2019 年 12 月 16 日，第 16 版。

⑤ 《中共中央、国务院关于新时代加快完善社会主义市场经济体制的意见》，《人民日报》2020 年 5 月 19 日，第 1 版。

人口本身的内部共享。在基本实现社会主义现代化新阶段，建构发达地区非农化乡村及其"村改居"社区常住人口的共享格局，可以从三个方面努力。一是在本地持股村（居）民与无股村（居）民①之间，实现体现效率与促进公平的辩证统一。为此，村（居）规民约必须与宏观制度安排无缝对接，股权固化制度安排必须在不改变体现效率、促进公平的大方向的前提下，随着实践向纵深发展而不断完善，尽量在更好地体现效率的同时更好地促进公平。二是在本地村民与本地居民之间，实现基本福利的均等化。与财力一般的乡村或没有营利性集体经济组织的城镇社区相比，具有较强经济实力的非农化乡村有望实现本地村民与本地居民之间基本公共福利的均等化，并在村民集体同意的前提下将集体资产适度过渡为将来的"居民委员会的财产"，将基本公共福利均等化延伸到"可以开展便民利民的社区服务活动，可以兴办有关的服务事业"②的"村改居"社区。三是在本地村（居）民与外来村（居）民之间，基本实现基本公共服务均等化。就目前的宏观制度安排而言，基本公共服务均等化，是对所有城镇乡村的普遍性要求。在基本实现社会主义现代化新阶段，非农化乡村及其"村改居"社区当然没有例外。在整个农业转移人口市民化过程中，政府都应承担起组织和保障基本公共服务均等化的重任，并发动市场、社会等各方面的力量广泛参与，不断提高非农化乡村及其"村改居"社区常住人口基本公共服务均等化的质量和水平。

---

① 持股村民与无股村民存在于非农化乡村；持股居民与无股居民存在于规范或不规范转型的"村改居"社区。

② 《全国人民代表大会常务委员会关于修改〈中华人民共和国村民委员会组织法〉〈中华人民共和国城市居民委员会组织法〉的决定》，《中华人民共和国全国人民代表大会常务委员会公报》2019 年第 1 期，第 55~64 页。

第九章

运行机制优化

习近平说："城镇化与工业化一道，是现代化的两大引擎。"① 与工业化、城镇化相伴随的发达地区非农化乡村常住人口市民化，是中国以人为核心的新型城镇化的重要组成部分，也是中国后发地区实现非农化乡村常住人口市民化、促进现代化发展的重要引领。那么，在基本实现社会主义现代化新阶段，作为新型城镇化的重要组成部分，发达地区地区非农化乡村常住人口市民化怎样才能成为现代化的重要引擎？在本书"导言"中，已经对应后八章的内容将对策建议概括为八条。这就表明，本书的对策建议不仅存在于后面两章，也在一定程度上蕴含于前面六章之中。鉴于本书前一部分已经从总体上构想了基本实现社会主义现代化新阶段发达地区非农化乡村常住人口市民化的发展思路，为适应从全面建成小康社会到开启基本实现社会主义现代化建设新阶段的新要求，更好地满足人民群众对美好生活的需要，这里谨在前述研究的基础之上，从户籍准入机制、土地流转机制、成本分担机制、就业促进机制和社会保障机制五个方面，对发达地区非农化乡村常住人口市民化运行机制的优化对策进行相对集中、相对具象的探讨。这里将坚持"既尽力而为，又量力而行"②，既在既有理论成果和实践经验的基础上，

---

① 张晓山：《习近平"城乡一体化"思想探讨》，《人民论坛》2015 年第 20 期，第 25~27 页。

② 习近平：《决胜全面建成小康社会　夺取新时代中国特色社会主义伟大胜利——在中国共产党第十九次全国代表大会上的报告》，《人民日报》2017 年 10 月 28 日，第 1 版。

尽力提出具有适用性、可操作性、创新性的对策，也注重政治层面的可靠性与严谨性、实践层面的可行性与使用性、学理层面的科学性与规范性。

一　优化户籍准入机制

（一）降低城镇户籍准入门槛

即便人口市民化是一个综合性范畴，对于当前中国而言，将户籍从乡村向城镇迁移实现户籍的城镇化，依然是人口市民化最为基本的因素。因而，如何进一步降低城镇户籍的准入门槛，加快推进以户籍制度为核心的一系列配套性制度改革，是一个十分迫切的问题。

户籍制度是一种基于对户口的登记与管理而建立起来的社会管理制度，户籍制度改革是推进人口市民化的关键。在中国，户籍制度的意义不仅仅在于人口出生、迁徙、死亡的登记和管理，而且远远超出此范畴，几乎涵盖了人的生命周期全过程的重大事项，包括教育、就业、婚姻、社会保障等方方面面。相比计划经济时期严格的户籍制度，改革开放后的户籍制度日渐宽松，其限制人口迁徙、就业等功能日趋瓦解，进而引发了"一场史无前例的大流动"①，大量的乡村户籍人口进入城镇务工经商，有的人在城镇站稳脚跟后"鲤鱼跳龙门"由农业户口一跃成为非农业户口。这一过程伴随着城镇化的扩张，一些"城中村"通过"村改居"整体性实现从农业户口到非农业户口的转换。2014 年 7 月《国务院关于进一步推进户籍制度改革的意见》发布，提出"建立城乡统一的户口登记制度"②。这意味着，农业户口与非农业户口之分将成为历史，居民户口将成为中国人口的统一标签，这是中国打破城乡

---

① 乔晓春：《户籍制度、城镇化与中国人口大流动》，《人口与经济》2019 年第 5 期，第 1 ~ 17 页。

② 《国务院关于进一步推进户籍制度改革的意见》，《城市规划通讯》2014 年第 15 期，第 1 ~ 3 页。

二元户籍制度十分重要的一步。但城乡二元户籍制度带来的深层次影响，并不是仅靠取消户籍的城乡二元之分就可以一劳永逸地消除的。

2014 年，《国家新型城镇化规划（2014—2020 年）》提出要"有序推进农业转移人口市民化"①，"努力实现一亿左右农业转移人口其他常住人口在城镇落户"②。此后，国家发改委下达的《2019 年新型城镇化建设重点任务》及 2020 年出台的《中共中央、国务院关于新时代加快完善社会主义市场经济体制的意见》等相继对人口转移提出了新要求。其中，明确要求全面取消落户限制的是城区常住人口在 100 万人以下的小城镇和中小城市，以及城区常住人口 100 万—300 万的大城市；全面放开放宽落户条件并对重点群体取消落户限制的是城区常住人口 300 万—500 万的大城市；完善积分落户政策增加落户规模的是超大、特大城市。③ 从文件的基本精神来看，就是要"放开放宽除个别超大城市外的城市落户限制"④。

上述规定无疑是与时俱进的。这就应加快落实中央精神，在总结试点经验基础上，采用分类、分步推进的方式，进一步降低城镇户籍的准入门槛。对于东部发达地区的小城镇、中小城市和大城市，应该可以在制度创新中积极稳妥地推进市民化进程。例如，沈水生提出，"新增农业人口中绝大多数以普通高校和中高等职业学校毕业生的身份转移就业、定居城镇"，是"未来我国农民工市民化的可能路径"⑤。这便是一条值得探索的农业转移人口市民化的路径。这种做法开辟了一条完全不同于第一代、第二代农民工的新型市民化道路，可以将推力拉力逆行的

---

① 中共中央文献研究室编《十八大以来重要文献选编》（上），中央文献出版社，2014，第 888 页。

② 中共中央文献研究室编《十八大以来重要文献选编》（上），中央文献出版社，2014，第 890 页。

③ 陆娅楠：《二〇一九年新型城镇化建设任务明确》，《人民日报》2019 年 4 月 9 日，第 1 版。

④ 《中共中央、国务院关于新时代加快完善社会主义市场经济体制的意见》，《人民日报》2020 年 5 月 19 日，第 1 版。

⑤ 沈水生：《农民工市民化的可能路径及政策建议》，《行政管理改革》2019 年第 7 期，第 48～53 页。

影响、各种身份区隔屏障消弭于无形之中，而且也在一定程度上解决了农业转移人口权能缺失游走边缘的问题；可以使政府财政负担的落户成本与教育培训成本合二为一，能够使适龄劳动人口较早地、体面地走进市场，还可以使农民家庭降低子女教育、就业扶持成本并长期受益。

（二）　实现户籍制度与社会福利脱钩

在当前中国，虽然户籍制度的功能出现一定瓦解，但城乡二元户籍分割给教育、就业、公共服务等带来的不平等影响十分深远，户籍制度改革仍处于进行时状态，附属在户籍制度上的各种福利权利仍具有较大的差异化特征。从历史发展来看，中国户籍制度改革本来就并非仅限于改革户籍制度自身。比如在改革开放之初，最先松动的就是人口与土地关系。1984 年《中共中央关于一九八四年农村工作的通知》就提出，"选若干集镇进行试点，允许务工、经商、办服务业的农民自理口粮到集镇落户"[①]。这里的"自理口粮"，带有强烈的"人地分离"意义，这些农民进城务工、经商、办服务业，仅仅是人在城镇，国家供应粮等相关社会福利与之并无关联。在农村有承包土地的，依然纳入农业户口的范畴。随后不管是暂住证制度、寄住证制度，还是居住证制度，都未能从根本上改变城乡二元分割的户籍与社会福利格局。一度实行的城镇蓝印户口制度，以及取消农业和非农业户口之分，才真正打开了户籍制度壁垒的一个缺口。

由于在户籍制度里面镶嵌了诸多社会福利制度，户籍制度改革不能仅限于取消二元分割、降低城镇户籍准入等本体性改革，最为理想的改革路径是，把户籍制度改革作为一个整体性范畴，实行综合性配套改革，把与之相关联的教育、就业、公共服务等一系列社会福利制度纳入其中，进入更深层次的衍生性改革领域。此外，不少进城务工经商的乡村人口，面对高房价、高消费的城镇户籍"望而却步"，面对乡村土地

---

① 《中共中央、国务院关于"三农"工作的一号文件汇编（1982—2014）》，人民出版社，2014，第 50 页。

福利和集体经济福利的诱惑也"流连忘返"。在户籍制度没有得到彻底性改革之前，推行户籍制度与社会福利脱钩，让户籍制度真正回归人口登记和管理功能，让进城务工经商者及其父母、子女公平地享受城镇基本公共服务，才有可能从根本上解决中国发达地区非农化乡村常住人口市民化面临的现实难题。

在非农化乡村的实地调研中，外来村民最关注的大都是随迁子女上学难、上学贵的问题。本课题组在实证调研中与地方相关领导交流发现，其形成原因主要是：外来人口数量大，公办学校完全向其随迁子女公平开放，自然会挤占本地人的教育资源，本地人肯定会有意见，而对随迁子女就读公办学校附加各种条件，很多本地人都觉得这是天经地义的；外来人口流动性大，用财政资金大量扩建公办学校，一旦流动人口因经济波动等因素大量离开，就必然会造成教育资源的大量闲置和浪费。由此看来，在落实全国统一的确保外来人口随迁子女异地上学、中考、高考，公平享受与本地人同城同权待遇政策的过程中，国家不仅应该在各地生均教育经费划拨、招生名额分配等方面统筹考虑随迁子女的需求，还应该从社会资本创建的民办学校能面向多层次需求、对市场敏感度高、体制机制活、转型快的实际出发，出台以保障教育质量为前提的政府购买义务教育服务扶持民办学校的政策，在义务教育领域做到民办学校与公办学校一视同仁，本地或随迁学生在民办学校与公办学校就读的待遇一视同仁。

（三）实行全国统一的居住证制度

发达地区非农化乡村的外来常住人口，目前呈现的是户籍制度和居住证制度"双轨运行"的状态。从中国户籍制度改革的历程和趋向来看，未来依附于户籍制度之中的相关社会福利制度必然会逐渐剥离，户籍制度本身会日渐淡化并最终可能会退出历史舞台。① 优化城镇人口的

---

① 李振京、张林山：《我国户籍制度改革的主要问题与总体思路》，《宏观经济管理》2014年第3期，第23~26页。

准入门槛，在目标取向上应当建构一种新的制度形式取代户籍制度，进而从根本上消除城乡二元户籍差异带来的人口权益不平等现象。近年来，实行全国统一的居住证制度的呼声相当高，国家在顶层设计方面也采取了一定的制度安排。2016年1月1日起施行的《居住证暂行条例》明确指出，"居住证是持证人在居住地居住、作为常住人口享受基本公共服务和便利、申请登记常住户口的证明"，实行居住证制度是"为了促进新型城镇化的健康发展，推进城镇基本公共服务和便利常住人口全覆盖"[①]。这里所谓的居住证制度，是一种覆盖包括城区、镇区、城郊非农化乡村常住人口在内的全体城镇常住人口的制度。现阶段实施这种居住证制度，能够消除城镇常住人口在常住地由城镇户籍和乡村户籍带来的享有基本公共服务权益之别，让人们在同一居住地公平地享受住房、教育、医疗等基本公共服务。这就要求各地确保有意愿的未落户城镇常住人口全部持有居住证，逐步扩大居住证附加的公共服务和便利项目，并探索实行城市群内户口通迁、居住证互认制度。

但这种居住证制度，在将来是否可以和现在进城务工经商的乡村人口所普遍采用的居住证制度不同，"以身份证号为标识""在全国范围内全面实行统一的居住证制度"[②]？通过改进这种居住证制度，也许有可能对消除城镇（城市）户籍和乡村（农村）户籍之别发挥重要作用。从户籍制度到居住证制度是一种革命性变革，需要从人口治理理念、人口治理主体、人口治理方式等方面予以配套性转换。比如在人口治理理念方面，应加快从人口控制的路径依赖中走出来，注重对人口的精细化服务和良法善治型治理；在人口治理主体方面，应建构卫生健康、公安、统计、工商、教育、人力资源与社会保障、民政等诸多相关部门资源共享、服务共推的综合服务治理系统；在人口治理方式方面，应更加注重政策引领和发挥市场机制影响人口流动的作用，不断强化人口流动

---

① 　国务院：《居住证暂行条例》，《人民日报》2015年12月13日，第5版。

② 　孙伟、夏锋：《以居住证制度取代城乡二元户籍制度的改革路径研究》，《经济体制改革》2018年第4期，第26~30页。

的自主化和秩序性。

二　优化土地流转机制

（一）完善城乡一体化的土地流转制度

费孝通在《乡土中国》中写道："城里人可以用土气来藐视乡下人，但是乡下，'土'是他们的命根。"[①] 这句话不仅生动地表明了"城里人"和"乡下人"对于土地的不同价值观念，更阐明了土地对于中国传统农民的重要意义。当然，今天土地之于一般村民，基本上已经不再具有生存保障的功能了，但在农业转移人口市民化程度仍不太高的当下，乡村依然是不少人最后的退路。加上近年来城镇化的扩张，国有土地价值的飙升，乡村土地的经济价值也在提升。为加快推动包括发达地区非农化乡村外来村民在内的外出农民工的市民化进程，目前倡导探索进城农民的承包地、宅基地退出机制，但又明确规定不得以退出老家的土地承包权、宅基地使用权、集体收益分配权作为条件。

然而，这种规定给人的感觉是将来迟早会收掉"三权"，外出农民工还是难以无后顾之忧地进城落户。因此，近十多年来，一直有不少学者或实际工作者主张在明确权利归属的基础上，优化土地经营权的流转机制，允许进城落户村民"带地进城"以消除进城落户村民失去土地的担忧。[②] 这种主张看起来既能促进城镇经济的发展，又有利于加快农业转移人口的市民化进程。但也有学者对此不敢苟同，认为鼓励"带地进城"将削弱国家农村转移支付政策的效果，使进城农民两面受惠，

---

① 费孝通：《乡土中国》，江苏文艺出版社，2007，第6页。
② 唐健：《让农民"带地进城"》，《中国土地》2010年第7期，第19~21页；郑风田：《让农民带着土地进城》，《中国报道》2014年第9期，第2页；郑无喧、黄耀志：《"带地进城"：农业转移人口渐进式市民化对策》，《现代城市研究》2015年第1期，第55~57页；蔡炉明：《农业转移人口"带地进城"的机理分析》，《潍坊工程职业学院学报》2017年第2期，第66~70页。

却让种粮农民独担损失。① 在允许探索进城农民的承包地、宅基地退出机制的同时，试点探索进城落户村民"带地进城"机制也有一定道理。但是，人地脱钩毕竟是市民化的一般规律。"带地进城"尽管有利于促进当下的市民化，但也可能会如同过去的"高价市民化"给本地村民市民化所带来的负面效应一样，为将来留下较多的麻烦。究竟孰优孰劣，与进城落户村民相关的土地制度安排应该向何处去，最终应该让实践来回答。

目前，中国土地实行城乡双轨化管理制度，即区分为国有土地和集体土地。近年来经济快速发展和房地产市场火热，对国有土地的需求迅速加大，国有土地通过市场化方式产生了高额的经济价值。乡村土地实行集体所有，实行的是承包经营双层产权体制。集体土地不能直接进入市场进行交易，而只有转变为建设用地实现国有化后才可以进行自由流转。换言之，目前不少乡村的集体土地只有使用价值，而没有经济价值。这就导致了城乡土地价值以及需求的急剧背向分化，一方面，城镇国有土地价值快速攀升，但普遍面临着供应不足的困境；另一方面，乡村集体土地虽然存量较大，但由于无法进入交易市场而只能永久"待字闺中"。而不在守住耕地红线的前提下盘活土地，就难以真正解放农民。

在国有土地和集体土地不可能做到完全等同的情况下，有计划、有限度、有步骤地释放农村集体土地的价值是比较可行的路径。近年来，随着中国农村土地制度改革顶层设计的完善，农户承包土地、集体林地和集体建设用地入市已经进入实践探索阶段。《中共中央关于全面深化改革若干重大问题的决定》明确提出"建立农村产权流转交易市场"②，揭开了新一轮农村集体土地制度的序幕。《国务院办公厅关于引导农村产权流转交易市场健康发展的意见》把诸如农户承包土地经营权、集

---

① 赵晓：《农民"带地进城"需商榷》，《宁波经济（财经观点）》2014 年第 5 期，第 34 页。
② 《〈中共中央关于全面深化改革若干重大问题的决定〉的辅导读本》，人民出版社，2013，第 23 页。

体林地经营权的资源性资产、经营性资产等纳入市场流转交易的对象范畴，农村集体土地所有权和依法以家庭承包方式承包的集体土地承包权则不在此列。① 这一规定将进入交易市场的对象限定为特定资产的使用权，将交易的方式限定为租赁。2017 年 8 月，国土资源部、住房城乡建设部联合发布《利用集体建设用地建设租赁住房试点方案》，确定了北京等 13 个城市开展利用集体建设用地建设租赁住房试点，允许"村镇集体经济组织可以自行开发运营，也可以通过联营、入股等方式建设运营集体租赁住房"②。

从近期来看，应加快总结试点经验，推动特定乡村集体建设用地建设租赁住房进入市场，使落户城镇的村民可以将自己承包的土地的使用权进行转让从而进入交易市场获得相应收益，并在集体林地、集体建设用地建设租赁住房的使用权转让中得到相应经济收入。从长远来看，应当进一步畅通乡村集体经营性建设用地公平进入土地市场的路径，通过建立健全相关法律法规，明确具体的条件、程序，积极稳妥有序地推进集体经营性建设入地入市，逐渐消除城乡土地的差异性，稳步推进城乡土地制度的一体化。

（二）健全农业转移人口土地收益机制

传统"推拉理论"认为，促成人口迁移主要是"推"和"拉"两方面的因素，其中的"推"，是迁出地不利的生活条件；其中的"拉"，是迁入地改善生活条件的因素。今天促进人口迁移的因素，已经远远超出了这两个方面。对于农业转移人口市民化问题而言，除一般意义的"推"和"拉"因素以外，农村土地经济福利已经产生一种反向的"拉力"，成为阻碍农业转移人口市民化的牵扯力量。构建城镇完善的就业服务体系和社会保障体系，使他们在城镇有稳定的就业和收入、能享受

---

① 《国务院办公厅关于引导农村产权流转交易市场健康发展的意见》，人民出版社，2015，第 23 页。
② 《国土资源部、住房城乡建设部印发〈利用集体建设用地建设租赁住房试点方案〉》，《城市规划通讯》2017 年第 17 期，第 4 页。

公平的公共服务无疑是促进农业转移人口市民化的重要积极因素，但如果不彻底解决好他们对乡村土地经济福利的依恋问题，就很难消除他们市民化的后顾之忧。2016 年，中共中央办公厅、国务院办公厅印发的《关于完善农村土地所有权承包权经营权分置办法的意见》，要求通过农村土地的确权登记颁证，实行所有权、承包权和经营权"分置并行"①，促进土地经营权的流转交易。这既能维护进城落户村民的集体土地承包权，又能让他们带着土地财产权进城，通过转让经营权使他们获得收益，对于促进他们的市民化进程具有重要意义。

下一步，应加快以乡村承包土地经营权流转为核心的土地制度改革进程，健全相关法律法规，确保村民落户城镇后合法权益不受损。同时，深化探索"地票"②"土地股份"③ 等多种形式的土地经营权市场交易制度，最大限度盘活乡村土地资源，激发乡村土地经济价值，增进落户城镇村民的收益。当然，从尊重村民意愿的角度，对于自愿放弃乡村承包土地经营权甚至承包权的城镇落户村民，应按照市场价格予以一次性补偿，推动村民入户城镇后彻底完成市民化转型，最终消弭其对土地的依赖。

（三）建立农业转移人口宅基地流转制度

乡村宅基地资格权、使用权是村民通过乡村集体分配获得的一项重要权益。长期以来，乡村宅基地所有权、资格权和使用权为乡村集体所有，农民在获得宅基地审批后方能获得使用权，并不能通过流转产生市场价值。在一些地方，乡村宅基地资格权、使用权允许转让，但也仅限于集体经济组织成员内部。这就几乎完全将乡村宅基地的使用价值和市

---

① 《中共中央办公厅、国务院办公厅印发〈关于完善农村土地所有权承包权经营权分置办法的意见〉》，《人民日报》2016 年 10 月 31 日，第 1 版。

② 地票，指包括乡村宅基地及其附属设施用地、乡镇企业用地、乡村公共设施和公益事业用地等在内的乡村集体建设用地，经过复垦并经土地管理部门严格验收后产生的指标。换言之，地票，是一个通过市场运作并经法律认可的附有经济价值的土地指标。

③ 土地股份，指通过全面丈量土地、清产核资和资产评估，以净资产量化给符合条件的本地村民的股权。

场价值遏制在"深度睡眠"状态。近年来随着乡村土地制度改革序幕的拉开，乡村宅基地的使用价值和市场价值开始"苏醒"。2013 年通过的《中共中央关于全面深化改革若干重大问题的决定》明确提出改革完善农村宅基地制度，并在若干试点基础上慎重稳妥地推进。2018 年《中共中央、国务院关于实施乡村振兴战略的意见》提出"完善农民闲置宅基地和闲置农房政策"①，并对宅基地所有权、资格权、使用权如何设置，宅基地集体所有权、宅基地农户资格权、农民房屋财产权如何处置给出了明确的指引。2019 年起施行的《中共中央、国务院关于建立健全城乡融合发展体制机制和政策体系的意见》提出"允许村集体在农民自愿前提下，依法把有偿收回的闲置宅基地、废弃的集体公益性建设用地转变为集体经营性建设用地入市"②。2019 年修订颁布的《中华人民共和国土地管理法》规定，"国家允许进城落户的农村村民依法自愿有偿退出宅基地，鼓励农村集体经济组织及其成员盘活利用闲置宅基地和闲置住宅"③。2020 年，中央文件论及农村宅基地管理时，强调要"以探索宅基地所有权、资格权、使用权'三权分置'为重点，进一步深化农村宅基地制度改革试点"④。

这一系列政策法规制度的出台，意味着赋予了乡村宅基地使用权转让的权限，并且在乡村宅基地资格权变动方面出现了一定的空间，为落户城镇的村民如何处置宅基地所有权、资格权、使用权明确了制度指引。现在，应加快推进试点工作，并在总结试点经验的基础上，进一步修订有关法律法规，强化乡村宅基地制度改革的法律保障；应加快明确和规范乡村宅基地使用权流转以及转变为集体经营性建设用地后入市的

---

① 《中共中央、国务院关于实施乡村振兴战略的意见》，《人民日报》2018 年 2 月 5 日，第 1 版。

② 《中共中央、国务院关于建立健全城乡融合发展体制机制和政策体系的意见》，《人民日报》2019 年 5 月 6 日，第 1 版。

③ 《全国人民代表大会常务委员会关于修改〈中华人民共和国土地管理法〉、〈中华人民共和国城市房地产管理法〉的决定》，《人民日报》2019 年 8 月 27 日，第 2 版。

④ 《中共中央、国务院关于抓好"三农"领域重点工作 确保如期实现全面小康的意见》，《农村经营管理》2020 年第 2 期，第 6 ~ 11 页。

条件和程序，避免"一窝蜂"或标准尺度不一的乱象；应尊重村民意愿，探索宅基地资格权退出的多样化方式，赎买、入股、提供社会就业、提供养老保险乃至置换城镇住房等都具有探索的价值，其中置换城镇住房的方式，尤其是降低进城村民市民化经济门槛的有效方式。

三　优化成本分担机制

（一）优化中央财政和地方财政分担机制

发达地区非农化乡村常住人口市民化，不管是本地村民、外来村民等转型村民的前期市民化，还是"农转非"居民、"村改居"社区居民等转型居民的后期市民化，不管是中央政府、地方政府还是个人，都需要一笔巨大的经济开支。根据新制度主义理论，中国的人口市民化是个体（家庭）和国家政策互动形塑的过程，不仅取决于行动者本身的愿望和能力，还和国家营造的政策环境紧密相关。而企业作为就业的重要依托，在市民化主体为企业获得经济利润的同时，也应在推进人口市民化方面承担一定责任。另外，社会动员以及社会资源的有效利用也是降低市民化成本的有效机制。这就意味着，推动发达地区非农化乡村常住人口市民化，国家、企业、社会、家庭和个人之间应建立起合理的成本分担机制。

中国目前实行的是分税制财政管理体制，即各级财政的支出范围按照中央和地方的事权划分，其中地方财政承担本地区基础设施、公共服务、社会保障等经济社会发展所需要的开支。在人口静止的情况下，这种财税体制是相对均衡稳定的；但在大规模人口市民化的背景下，这种均衡状态必然会被打破，流入地对市民化群体在公共服务方面的财政开支必然会骤然增大。这就必然会导致中央财政和地方财政在农业转移人口市民化过程中出现财政开支和成本分担责任之间的失衡局面，迫切需要优化中央和地方的财政分担机制。

要科学划分公共服务的类型结构，并明确中央财政和地方财政的责任归属。比如把基础设施区分为区域内基础设施和跨地区基础设施；把教育文化、卫生医疗、社会保障、住房保障等公共服务划分为基础性公共服务和发展性公共服务两个层次。其中，跨地区基础设施和基础性公共服务（全国统一标准）的开支由中央财政承担；区域内基础设施、发展性公共服务（根据地区经济社会发展情况有差异）以及其他具有地方性特征的公共事项开支由地方财政承担。与此同时，要根据市民化人口跨区性质的差异，分别明确中央政府和地方政府的责任。对于跨省市民化的有关成本，应由中央财政承担；对于省内跨市市民化的有关成本，应由省级财政承担；对于市内跨县（区）市民化的有关成本，应主要由市级财政承担；对于县（区）内跨镇市民化的有关成本，应主要由县（区）级财政承担；对于镇域内市民化的有关成本，应主要由镇级财政承担。当然，由于不同省、市、县（区）、镇的财政实力存在强弱差异，应适当强化中央财政和省级财政的统筹能力，对于存在财政困难的，予以兜底保障。

（二）健全市民化财政资金转移支付机制

根据当前中国的财政体制，各地方基础设施建设和公共服务发展需要的资金，主要由地方财政承担。大规模人口市民化给地方带来人口红利进而转换为经济发展动力的同时，也对地方基础设施和公共服务产生了巨大的需求。长期以来，市民化人口在流入地所需要的基础设施支持及各种公共服务，均由所在地政府承担，而流出地政府没有承担任何的财政责任。久而久之，就形成一种不利于人口市民化的格局，即流入地政府因畏惧高额的公共服务支出成本而在推动人口市民化方面动力不足，而流出地政府因不愿失去中央财政的部分转移支付而在助推人口市民化方面"装糊涂"。

针对这一问题，近年来中央加大了财政转移支付的力度。2016 年国务院印发《关于实施支持农业转移人口市民化若干财政政策的通知》，明确提出"建立农业转移人口市民化奖励机制，提高户籍人口城镇化率"①，并安排专项经费用于农业转移人口市民化奖励。应落实好这一中央财政转移支付政策，根据"费随人转"的原则，把人口市民化和财政分成有机结合起来。一方面，要以居住证登记为载体，在国家人口基础信息库中增加对农业转移人口市民化的信息采集，并以此为依据进行中央财政奖励金的分配。另一方面，要加强对农业转移人口数量规模、城乡农业转移人口流动变化、不同城市人口市民化成本差异等情况的监测，并以此为依据适时调整转移支付规模和结构。

（三）强化企业、社会、家庭和个人成本分担责任

在一段时间里，过于强调政府在推进农业转移人口市民化中的责任。对于一项事关国家经济社会发展和民族未来的事业，政府发挥主导作用责无旁贷。不管是各级政府制定实施的一系列政策措施，还是各级财政在引导和鼓励农业转移人口市民化中承担的巨大成本，都是政府承担重要责任的体现。但除政府责任以外，市民化主体就业所依托的企业、所在的家庭甚至其本人，在市民化进程中也有着不可推卸的责任。发达地区非农化乡村常住人口市民化是一项系统性工程，除政府以外，企业、家庭和个人都应发挥积极作用，承担相应责任。

对于企业而言，其雇用的员工是保证其获得利润的重要条件，理当在推动员工融入城镇的过程中发挥反哺功能。但企业作为市场经济主体，逐利性远大于社会性。为了实现利益最大化，一些企业往往只把员工视为产生利润的工具，在健康保障、福利保障、情感支持等方面出现失位或不到位，甚至不惜踩踏制度红线做出拖欠工资、不购买社会保险等违法行为。这就需要企业从用工理念、用工模式等方面实现根本性变革。比如在用工理念上，改变把员工当作"打工仔"的歧视性思维，把员工视为企业的主人，推动企业和员工形成命运共同体。在用工模式上，改变把员工视为"临时工"的旧思维，用发展的眼光看待员工和

---

① 《国务院印发〈通知〉实施支持农业转移人口市民化的财政政策》，《人民日报》2016 年8 月 6 日，第 1 版。

企业的关系，通过实施工龄补贴机制、人力资本提升机制等方式，让员工在为企业做出长期贡献中获得相应福利激励，提升农业转移人口就业的稳定性，为员工的市民化提供可靠的经济支撑。

对于社会而言，社会动员或有效利用社会资源，也能在分担市民化成本方面发挥重要作用。中国是有强大的社会动员能力、能够办成让世界刮目相看的大事的社会主义国家。江赛就说过，有序引导社会资本，"是推动新型城镇化高质量发展的重要路径"①。社会资源有效利用的作用也不可小觑。改革开放以来，发达地区非农化乡村集体或本地村民家庭提供的出租屋，就对外来村民住有所居发挥过重要的作用。因此，通过规范化的管理充分发挥村镇非正规租赁住房对政府住房保障的有益补充和调节作用，也不失为一种降低住房建设成本的路径。禤文昊就曾经建议"取消集体宿舍配建制度"，将住房市场化供给方式"纳入城乡规划"②。现在这方面的试点改革正在进行中，值得期待。

对于家庭和个人而言，他们是市民化的直接关系人，理当积极作为，主动担当。但从现实情况来看，一些家庭和个人作为被动的角色出现，等、靠、要思想仍较为严重。这就需要家庭和个人共同努力。除了爱岗敬业、努力工作提高劳务性收入和根据国家政策盘活乡村土地资源获得更高的财产性收入以外，还应调整消费结构，承担起因城镇生活水平较高所带来的经济成本。特别是对于年轻人来说，应建立起健康的生活和消费方式，避免走入享乐主义、过度提前消费的陷阱。

四 优化就业促进机制

（一）优化一体化就业市场机制

就业是最大的民生，在城镇稳定就业是发达地区非农化乡村常住人

---

① 江赛：《提升社会资本参与度 推动新型城镇化高质量发展》，《人民日报》2020年3月26日，第9版。

② 禤文昊：《东莞村镇非正规租赁住房研究》，博士学位论文，清华大学，2012。

口市民化十分重要的基础和前提。当前，经济全球化遭遇重重挑战，必然会给以外向型经济为主的发达地区经济发展带来严重影响。中共十九届四中全会提出"健全有利于更充分更高质量就业的促进机制"①。这就意味着，不仅要解决好"能不能就业"的问题，而且要解决"就业好不好"的问题。要推进发达地区非农化乡村常住人口的市民化进程，应当进一步优化就业促进机制，营造更公平的就业环境，提升他们的就业竞争力，让他们拥有更稳定的工作和更满意的收入。

长期以来，中国实行城乡二元分割的社会管理体制，严格区分农业户口和非农业户口，而且在严格的户籍管理之下，人口在城乡之间的迁移受到极大的限制。这就导致人们在就业上形成了相对隔离的两个空间，乡村村民务工、城镇居民务工成为一种相互区隔的固化状态。改革开放以来的人口迁移，打破了人地捆绑就业的格局，大批的农业转移人口脱离农业进城或在城中、镇区、城郊的非农化乡村的非农产业中务工就业。由此，包括非农化乡村外来村民、本地村民在内的"外出农民工"或"本地农民工"，成为中国特色的职业身份。

优化发达地区非农化乡村常住人口的就业促进机制，应当打破城乡隔阂，建立统一的城乡就业标准，建立一体化的城乡就业机制，充分发挥市场在劳动力资源配置中的决定性作用。与此同时，还应建立健全城乡一体化的就业服务机制，由政府主导，整合市场、企业、社会等各方力量，为农业转移人口提供及时、适用的就业服务。这有助于从制度上消除对于农业转移人口的就业偏见和歧视，②营造公平就业的政策和社会环境，真正使劳动力市场中的每个个体都能根据自身的职业技能和社

① 《中共中央关于坚持和完善中国特色社会主义制度 推进国家治理体系和治理能力现代化若干重大问题的决定》，《人民日报》2019年11月6日，第1版。
② 已有学者提出过制定反就业歧视法或平等就业法等建议，参见朱永新《须制定〈反就业歧视法〉》，《教育与职业》2009年第31期，第44页；张雪荣《招聘中存在的就业歧视问题》，《人力资源管理》2014年第10期，第183~184页；曹义孙、徐航《中国制定"反就业歧视法"问题分析》，《首都师范大学学报》（社会科学版）2015年第4期，第41~46页；李雄《制定平等就业法推动劳动用工法治化》，《检察日报》2015年6月16日，第3版；李雄《我国需要制定一部平等就业法》，《经济法论坛》2017年第2期，第215~228页。

会适应能力公平地参与到就业竞争当中。

（二） 建立精准化就业促进机制

发达地区非农化乡村常住人口是市民化意愿最为强烈的群体，也是中国推进新型城镇化到 2020 年实现 1 亿人在城镇落户目标的重点人群。这一群体不管是和城镇居民还是和传统村民相比，在社会保障和公共服务覆盖、职业技能水平、社会适应能力等方面都具有自己的特殊性。他们既不像城镇居民那样完全地被纳入城镇社会保障和公共服务体系当中，也不像传统村民那样与城镇社会保障和公共服务体系毫无交集；他们既不像城镇居民那样拥有能保证稳定就业的职业技能，又不像传统村民那样仅靠种养之技就能基本维持生计。他们处于最靠近市民化的"接壤区域"，应通过建立面向这一群体的精准化就业促进机制，增添他们的市民化动力。

要以"财政、货币和投资等""聚力支持稳定就业"[①]，根据经济形势落实减税降费政策，减轻企业负担，继续优化城镇营商环境，提供融资便利，为广大中小企业实现健康发展提供支持，维持企业正常经营、用工稳定。要坚持就业优先战略，完善顶层设计，加强统筹协调，健全公共就业服务体系，加快实现服务供给多元化、服务过程便利化。要建立精准帮扶机制。要制定面向发达地区非农化乡村常住人口的相应政策，通过提供小额贷款、给予创业补贴、加大税费优惠等方式，为这一群体在自谋职业、个人创业等方面提供政策支持、金融服务支持和税费优惠支持。

（三） 优化人力资本提升机制

发达地区非农化乡村的常住人口，无论对于转型村民还是对于转型居民来说，其受教育程度、知识技能、人文素养等和现代市民总体上都有着一定的差距。这种差距在很大程度上成为他们市民化进程中的无形

---

① 《李克强作的政府工作报告（摘登）》，《人民日报》2020 年 5 月 23 日，第 3 版。

障碍。不缩小这一差距，他们即便落户城镇，也难以在劳动就业方面和传统城镇居民形成公平公正的竞争局面，更无法消除和传统城镇居民之间的群体隔阂。尤其是在就业竞争能力方面，不少人受教育程度、职业技能等人力资本的限制，只能在城镇从事技术含量低、工作强大度、劳动报酬少的职业。这一职业状态对市民化而言极为不利。优化人力资本提升机制，加大对这一群体的人力资本投资，提高他们在市场化条件下就业竞争的能力，对于加快发达地区非农化乡村常住人口市民化进程大有裨益。

要完善职业教育体系。适应中国经济由高速增长向高质量发展转换和产业结构调整的形势，加快发展现代职业教育体系，从职业指导、专业设置、培养模式等方面进行深刻变革，在解决高技能人才短缺问题的同时，培养大规模更具有市民化潜质和能力的产业工人。与此同时，要完善技能培训机制。技能培训是一个涉及政府、企业以及个人的系统性工程，除需要政府在政策指引、财政支持、平台搭建等方面给予充分支持以外，还需要企业和员工个人的紧密合作。企业应建立对员工的全周期培养机制，根据技术要求不断提升员工的职业能力。应进一步提升技能培训的针对性，使之真正适合职业发展需求，提升员工参加培训的主动性和积极性，使之具备更加专业的知识和技能，提高其就业能力和综合素质，进而提高其人力资本质量。

五　优化社会保障机制

（一）健全社会救助体系

市民化不仅仅是简单地让村民把户籍转入城镇，而且要使之在户籍转入城镇后，在就业状态、生活方式、消费方式、社会保障、文化观念等方方面面融入城镇。而转型村民将户籍转入城镇成为转型居民以后，不仅可能会产生失去土地保障后的忧虑，而且还可能因自身城镇适应性的不足而诱发失业、经济负担过重、融入失败等市民化风险。为规避这一系列风险，迫切需要在社会救助、社会保险和住房保障等方面优化社会保障机制，把转型村民、转型居民都纳入城镇社会保障体系，让他们和其他城镇居民一道均等地享有基本公共服务等社会福利待遇。

相比一般的城镇居民，发达地区非农化乡村常住人口在成为转型居民后，是一个较为特殊的群体。他们一方面已经脱离乡村土地，另一方面在城镇户籍面前又是一个新角色，在彻底完成市民化转换之前还有一段较长的路要走。转型居民的职业特征、文化特征、社会适应能力等，注定了其城镇适应本身带有一定的脆弱性。推动发达地区非农化乡村常住人口市民化，首先要确保转型村民、转型居民在城镇都能够扎根生存。社会救助体系作为一种兜底性的社会制度安排，不仅是社会公正的重要体现，而且是保证社会成员生存权利的最后一道防线。应建立起覆盖发达地区非农化乡村常住人口的社会救助体系，确保他们一旦遭遇重大风险就能够得到基本生活救助，使他们的基本生活水平得到保障。

要加快制定实施《社会救助法》。中国社会救助立法已经走过了二十多年的历程，但至今仍停留在暂行办法的层次，即国务院于2014年公布的《社会救助暂行办法》。仅靠一部暂行办法，难以有效整合各部门的力量，把社会救助工作制度化、法治化。当前，《社会救助法》已经被全国人大常委会列为一类立法项目。应加快《社会救助法》的立法进程，把社会救助上升到法律层面，提升社会救助的强制性。同时，要加大不同区域、部门之间社会救助制度的衔接力度。当前社会救助处于碎片化、割裂性的状态，应加强中央的统筹力度，在执行标准、分工合作等方面形成一体化的工作体系，减少社会救助的制度盲区。

要强化社会救助执行、管理和监督机制。在执行方面，应进一步畅通社会救助渠道，完善相关工作机制，畅通社会救助的"最后一公里"。在管理方面，应加快组建一支民政部门主导、社会各方参与的专兼职结合的救助人才队伍，并探索通过政府购买服务的方式引入专业化社会组织提升社会救助的专业化水平。在监督方面，各级政府应建立社会救助常态化监督机制，推动社会救助工作得到有效落实。

（二）健全社会保险制度

在城乡二元分治的背景下，长期以来中国农村社会保险制度在一定程度上处于缺位或不到位状态。比如在医疗保险方面，改革开放以前一度存在的农村合作医疗，为解决农民就医难问题发挥了积极作用，但不管在覆盖面还是效度上都处于较低层次。改革开放后，随着人民公社的解体，这种高度依托集体经济的农村合作医疗制度瞬间走向衰退，农村医疗保险一度出现真空状态，因病致贫、因病返贫成为困扰农民的重大问题。2002年出台的《中共中央、国务院关于进一步加强农村卫生工作的决定》，要求"建立以大病统筹为主的新型合作医疗制度和医疗救助制度"[①]，在保障农民身体健康方面发挥了重要作用，但农民看病难、看病贵的问题仍未能得到彻底解决。2016年《国务院关于整合城乡居民基本医疗保险制度的意见》，提出"整合城镇居民基本医疗保险和新型农村合作医疗两项制度，建立统一的城乡居民基本医疗保险制度"[②]，城乡医疗保险进入一体化阶段。在养老保险方面，民政部于1986年开始农村社会养老保险的试点探索，但覆盖面小、进程缓慢的问题长期存在。2009年《国务院关于开展新型农村社会养老保险试点的指导意见》提出"探索建立个人缴费、集体补助、政府补贴相结合的新农保制度"[③]，农村社会养老制度发展进入快车道。虽然农村医疗保险制度和养老保险制度方面取得明显进展，但相比城镇社会保险制度，在保险类型和保障水平上还存在较大差距。

应着眼加快推动农业转移人口市民化的背景，进一步提升农业转移人口的社会保险水平，增进城乡社会保险的融合。一是探索和推广通过"土地换社保"的方式。对于自愿退出农村土地承包权、宅基地资格权

---

① 中共中央文献研究室编《十五大以来重要文献选编》（下），人民出版社，2003，第2597页。
② 《国务院关于整合城乡居民基本医疗保险制度的意见》，人民出版社，2016，第1页。
③ 中共中央文献研究室编《十七大以来重要文献选编》（中），中央文献出版社，2011，第113~114页。

的农业转移人口，应通过一定的市场定价和转换机制，在养老保险、医疗保险、失业保险、工伤保险等方面给予相应水平的社会保险待遇补偿。和城镇居民平均水平相比不足的部分，由各级财政予以补齐。二是加快建立全国统筹的社会保险机制。加快政策调整，建立农业转移人口社会保险省级转移相关制度规定，允许社会保险在全国范围内自由转移和接续。同时，加快建立全国统一的社会保险服务平台和全国联网的异地就医结算系统，提升社会保险转接和运用的信息化、便捷化水平。三是加大对农业转移人口参与社会保险的监督和规范力度。由于发达地区非农化乡村常住人口主要在非公经济领域就业，一些企业为了减轻人工成本，容易出现欠缴、逃避缴纳社会保险费等行为。应加大《中华人民共和国社会保险法》的宣传普及和监督力度，确保企业为农业转移人口按时足额缴纳社会保险费用，维护农业转移人口的社会保障权利。

（三）完善住房保障制度

长期以来，在城乡户籍分割条件下，大部分农业转移人口把进城务工、经商作为一种谋生手段。他们常常把城镇的住房当作临时的栖身之所，租赁城中村、城郊村的农民房就能满足需求，他们宁愿省点租金多积攒一些钱回老家建一座气派的楼房。发达地区非农化乡村的本地村民，在宅基地上建造的房子更是足以满足他们及家人的居住需求。随着农业转移人口市民化战略命题的提出，包括非农化乡村外来村民在内的外出农民工的住房保障问题日益凸显。人口市民化需要多方面条件的支持，其中，在城镇拥有一定的住房保障是非常重要的基础性条件。

应进一步完善城镇住房保障制度，为发达地区非农化乡村常住人口市民化提供住房条件。一是加大城镇保障性住房建设力度，把农业转移人口纳入廉租房、公租房建设的考虑范围，允许落户城镇的农业转移人口和城镇居民一样享有同等住房保障待遇。每年推出的保障性住房，应按一定的比例配置给农业转移人口。二是根据农业转移人口实际，制定一定的优惠措施，允许他们通过先租后买或者从共有产权逐步过渡的方式最终拥有对房屋的完全产权。三是坚持多元化供给的住房保障模式，既要坚持政府主导、强化政府责任，又要通过建立健全相关激励措施，激发企业和个人的参与积极性，构建多元化、多层次的住房保障体系。

后　记

本书在国家社科基金一般项目"发达地区非农化乡村常住人口市民化问题研究"最终结项成果的基础上修改完善形成。项目于 2017 年立项，批准号为 17BSH019；2020 年结项，证书号为 20204271，鉴定等级为良好。刘小敏为该项目负责人。

该项目主要参加人及分担任务如下：邓智平，广东省社会科学院改革开放与现代化研究所所长、研究员，博士，参与立项讨论、集体调研，执笔部分结项成果；张桂金，广东省社会科学院社会学与人口学研究所助理研究员，博士，承担学术秘书工作，参与立项讨论、集体调研，执笔部分结项成果；黎明泽，广州行政学院教务处副处长，教授，硕士，参与集体调研，执笔部分结项成果；李超海，广东省社会科学院精神文明研究所副研究员，博士，参与立项讨论及集体调研；伍玉娣，广东省社会科学院办公室主任、助理研究员，硕士，承担调研协调工作，参与集体调研；何叶，广州市志愿者行动指导中心培育推广部干部，硕士，参与集体调研；徐耀东，广东省河源监狱四级警长，硕士，参与集体调研；冯逸杰，广州市志愿服务发展中心业务部干部，硕士，参与集体调研；李桐，广州幂律信息科技有限公司品牌咨询顾问，硕士，参与集体调研。鉴于本书并非全部结项成果（学术论文和研究报告）及附件（课题研究方案、问卷分析报告、座谈纪要、访谈录等）的汇集，这里不对该项目主要参加人所做的具体工作一一说明。

本著作由刘小敏设计写作大纲，统稿、审稿、定稿。各执笔人具体负责的写作章节如下：刘小敏，第一章（导言）、第七章（问题成因剖析）、第八章（发展思路构想）；邓智平，第六章（突出问题透视）；张桂金，第二章（理论架构阐释）、第四章（市民身份认同的分化）和第五章（市民化意愿及其分化）；黎明泽，第三章（制度变迁与市民化）和第九章（运行机制优化）。

本书的完成，建立在项目立项、调研、成果完善、结项及著作编辑、出版等各项工作的基础之上，离不开全国哲学社会科学工作办公室批准项目立项、结项时的信任提携，离不开评审专家在项目立项、结项评审时给出的真知灼见，离不开项目所在单位广东省社会科学院的关爱扶持，离不开上海、江苏、浙江、广东四地兄弟单位、实际工作部门特别是城乡基层单位在调研中的支持协助，离不开学界同人在成果完善阶段提出的友善建议，特别是离不开社会科学文献出版社在编辑、出版工作中以高度敬业的精神为保证著作学术质量所付出的辛勤劳动。值此书付梓之际，谨向上述单位和相关个人，一并致以最衷心的感谢！

同时必须指出，由于本书选题新、研究难度较大，特别是由于作者水平有限，缺点错误在所难免，诚望学界同人不吝赐教，同时也诚望读者诸君批评指正。

刘小敏

2021 年 7 月 1 日于广州

图书在版编目（CIP）数据

非农化乡村常住人口市民化研究／刘小敏等著. --
北京：社会科学文献出版社，2022.9
ISBN 978 - 7 - 5228 - 0296 - 1

Ⅰ.①非…　Ⅱ.①刘…　Ⅲ.①非农化 - 农村人口 - 城
市化 - 研究 - 中国　Ⅳ.①C924.24

中国版本图书馆 CIP 数据核字（2022）第 109746 号

非农化乡村常住人口市民化研究

著　　者／刘小敏 等

出 版 人／王利民
组稿编辑／宋月华
责任编辑／韩莹莹
文稿编辑／公靖靖
责任印制／王京美

出　　版／社会科学文献出版社·人文分社（010）59367215
　　　　　地址：北京市北三环中路甲 29 号院华龙大厦　邮编：100029
　　　　　网址：www.ssap.com.cn
发　　行／社会科学文献出版社（010）59367028
印　　装／三河市尚艺印装有限公司

规　　格／开 本：787mm×1092mm　1/16
　　　　　印 张：13.5　字 数：200 千字
版　　次／2022 年 9 月第 1 版　2022 年 9 月第 1 次印刷
书　　号／ISBN 978 - 7 - 5228 - 0296 - 1
定　　价／128.00 元

读者服务电话：4008918866